高等职业教育汽车类专业新型活页工作手册式系列教材

系列教材主编：戚文革　邹玉清

汽车售后服务接待流程教学工作页

房　睿◎编著

中国铁道出版社有限公司
CHINA RAILWAY PUBLISHING HOUSE CO., LTD.

内 容 简 介

本书根据国务院印发“职教20条”文件精神，落实“新型活页式、工作手册式”职业教育教材的要求而编写。与教材《汽车售后服务接待流程》（ISBN 978-7-113-28626-2）配套开发，共分五个项目，包括接待常规保养客户、接待故障车维修客户、接待返修客户、接待保修索赔客户和接待保险事故车客户。每个项目均包含项目任务单、项目导入、项目实施三部分内容。

本书具有以下特点：以“做事”的职业行动作为认知起点；使用多样化、可视化表达方式；设计实施“微组织”环节；多环节、多形式的“专业+思政+创新”有机融合；设计了典型案例。

本书为校企合作开发，充分融入职业要素，适合作为高等职业院校和其他职业学校汽车类相关专业学生的教材，也可作为有关人员的岗位培训教材。

图书在版编目（CIP）数据

汽车售后服务接待流程教学工作页/房睿编著. —北京：中国铁道出版社有限公司，2022.8

高等职业教育汽车类专业新型活页工作手册式系列教材

ISBN 978-7-113-29428-1

I. ①汽… II. ①房… III. ①汽车-售后服务-高等职业教育-教材 IV. ①F407.471.5

中国版本图书馆CIP数据核字（2022）第122072号

书　　名：汽车售后服务接待流程教学工作页
QICHE SHOUHOU FUWU JIEDAI LIUCHENG JIAOXUE GONGZUOYE

作　　者：房　睿

策　　划：尹　鹏　　　　**编辑部电话：**（010）83552550

责任编辑：钱　鹏　许　璐

封面设计：刘　颖

责任校对：安海燕

责任印制：樊启鹏

出版发行：中国铁道出版社有限公司（100054，北京市西城区右安门西街8号）

网　　址：http://www.tdpress.com/51eds/

印　　刷：北京联兴盛业印刷股份有限公司

版　　次：2022年8月第1版　2022年8月第1次印刷

开　　本：787 mm×1 092 mm 1/16　**印张：**6.75　**字数：**176千

书　　号：ISBN 978-7-113-29428-1

定　　价：29.00元

序

职业教育的本质是“学习如何工作”的教育，即培养学生具备与工作任务相匹配的职业能力。职业能力遵循新手—生手—熟手—专家/高手的成长规律，如何在职业教育中实施符合职业能力成长规律的落地措施，是职业教育教学设计的首要原则。

本书的教学内容设计是在微组织教学模式“教与学”的行动逻辑指导下完成的。微组织教学模式是行动导向教学实施中运用的一个具体化方法，由教学情境导入、任务发布、任务实施、检查纠错、结果评价五个环节构成，其本质特征是：针对问题，师生之间建立即时反馈系统。要求教师具有对问题察之入微的敏感性，针对每个问题做出“即时反馈”。微组织教学模式实施过程中要求对任何一个知识点、技能均做到“一点一讲一练一确认”。

教学工作页是微组织教学模式实施工具，是教师“教”与学生“学”的引导性教学文件，是学生思维过程、学习过程、学习结果可视化表达与教师即时反馈的载体。

教学工作页设计实现了以下四点创新：

一、以“做事”的行动作为认知起点

以“做事”的行动作为认知起点，建构基于“做事”的行动体系认知结构，而非学科知识体系“认知结构”，以与学生行动能力相匹配的“做事”的显性行动单元作为教学设计起点。

二、学习过程可视化设计表达

根据学习内容选择多样化的可视化表达方式，可视化设计包括两个方面：一是学生的学习思维过程和学习结果教师要看得见；二是教师的即时反馈学生要看得见，对学习过程与学习结果是否符合要求教师要作出即时反馈意见，反馈意见学生要看得见。

三、教学过程“教与学”即时反馈

学习过程可视化呈现，为建立个性化“教与学”即时反馈创造了前提条件，即时反馈为学生学习偏差及时提供“支架”，赋能“成功学习”，激发内模拟机制，实现班级集体授课制条件下的因材施教。

四、实现“知识、能力、素养”一体化成长

任何一个学习行动都是“知识、能力、素养”构成的“复合体”：在行动中理解和掌握行动赖以发生的“知识”；在行动中积淀和提升完成行动的“能力”；在行动中规塑做事做人的“素养”。一个行动能够“达标完成”所涉及的“知识、能力、素养”一个也不能少，将行动全过程所有节点与最终成果所涉及的“知识、能力、素养”都进行可视化呈现，依据“合格标准”进行即时反馈、纠正、刻意训练，直到正确为止。

自 2016 年起，吉林电子信息职业技术学院在汽车专业群、机械专业群启动了面向教育对象的提升教学育人的有效性教学改革，教学工作页的创建与应用是教学改革标志性成果之一，催生了教学育人有效性显著提升的课堂革命。

希望本书能够为高等职业院校汽车类专业课程教学设计提供借鉴。

戚文革

2021 年 12 月 28 日

前言

本教学工作页是为贯彻国务院印发的“职教20条”文件精神，落实“新型活页式、工作手册式”职业教育教材的要求而编写。与教材《汽车售后服务接待流程》（ISBN 978-7-113-28626-2）配套开发，共分五个项目，包括接待常规保养客户、接待故障车维修客户、接待返修客户、接待保修索赔客户和接待保险事故车客户。每个项目均包含项目任务单、项目导入、项目实施三部分内容。

本教学工作页具有以下特点：

1. 以“做事”的职业行动作为认知起点，突出职业能力培养

将项目中每个任务的工作内容序化为工作准备、具体接待操作等完整的工作过程，在工作过程包含工作方法、工作标准和工作要求以及接待技巧等职业知识，按照“实践—认识—再实践—再认识”的发展规律，以“做事”的职业行动作为认知起点，在完成职业活动（包含职业行动和职业知识）过程中不断积淀职业能力，突出职业能力培养。

2. 使用多样化可视化表达方式和“即时反馈”，实现了因材施教

根据学习内容选择了关系图、列表、思维导图及方框等多样化的学生学习过程可视化表达方式；学习过程可视化设计为即时反馈奠定了基础，教学过程针对问题“时时、事事、人人”的即时反馈，实现了班级集体授课制条件下的因材施教。

3. 设计实施“微组织”环节，实现“知识、能力、素养”一体化成长

每个行动都设计了“微组织：教师检查纠错，学生改正错误”环节。在教学过程中，教师依据“合格标准”，采用检查纠错方式，对每个行动所涉及的“知识、能力、素养”进行即时反馈、纠正、刻意训练，学生在不断地改正错误直到正确为止的过程中，实现了“知识、能力、素养”一体化成长。

4. 多环节多形式的“专业＋思政＋创新”有机融合，实现“思创”培养目标

本教学工作页的项目导入采用4S店每日早会为主题。教师在实际上课时，通过早会的形式，能够有效地调动起学生学习的积极性，组织学生进入学习状态。除此之外，本教学工作页保持与教材《汽车售后服务接待流程》一致的“5S现场管理法”主题，结合每个项目的内容，将“从我做起”“主人翁意识”等思政内容融入拓展训练中，使学生

在学习的同时，也能够对人生观、价值观进行深入思考。在每个任务后面的关键词、知识、能力和思政拓展训练中，无不借用思维导图等图示工具，以开放性的创新思维形式进行设计；本教学工作页使用全过程要求用铅笔按照规定字的大小书写在精心设计的方框、图表中，培养学生一丝不苟、精益求精的匠人精神。通过以上多环节、多形式的“专业＋思政＋创新”有机融合，实现在专业教育中突出“人的底色”与创新素质的培养目标。

5. 校企合作开发，充分融入职业要素

本书由吉林电子信息职业技术学院房睿编著。大连禾众汽车销售服务有限公司高级工程师、德国高级技师全晓龙提供了案例；吉林电子信息职业技术学院教授戚文革提供了思政和创新元素；吉林省汽车维修行业协会秘书长李晶提出了宝贵意见和建议。对在编著过程中给予大力支持的各位老师，在此表示衷心的感谢！

本教学工作页由中国汽车工程学会汽车应用与服务学会技术副总监弋国鹏、吉林市磊 π 汽车修理行技术总监王磊、吉林市英之捷汽车服务有限公司技术总监宋海成审稿。参加审稿的各位老师对全书进行了认真细致的审阅，并提出了宝贵的意见和建议，在此表示衷心的感谢！

由于编者水平有限，书中难免有疏漏与不妥之处，恳请读者批评指正。

房　睿

2022 年 2 月

目 录

项目一　接待常规保养客户

项目任务单

<table>
<tr><td>项目描述</td><td>完成常规保养客户接待</td></tr>
<tr><td>项目要求</td><td>依据汽车售后服务核心流程，完成常规保养客户接待。
1. 保养预约与接待。
2. 制单与保养。
3. 交车与回访</td></tr>
<tr><td>学习目标</td><td>1. 能够说出服务顾问的岗位职责。
2. 能够说出定期维护保养的主要项目。
3. 能够说出电话、仪容仪表以及接待礼仪。
4. 能够依据汽车售后服务核心流程，完成常规保养客户的接待。
5. 能够规范填写预约登记表。
6. 能够规范填写接车检查表。
7. 能够规范制作任务委托书。
8. 能够规范制作结算单。
9. 能够规范填写回访记录表。
10. 能够养成良好的职业规范和认真、热情的工作态度</td></tr>
<tr><td>项目载体</td><td>今天是星期一，美美 4S 店服务顾问菲菲一早准时到店。昨天下班前，菲菲已经查询了汽车售后服务管理系统，根据客户档案信息，了解到了车主王先生上次车辆保养时间、行驶里程等情况，确定需要致电提醒王先生做 4 万公里保养，同时，又规划了一天的工作如下：
1. 电话预约王先生。
2. 对张先生提前一天预约确认。
3. 接待预约今日下午一点做汽车保养的陈先生。
4. 电话回访房女士。
菲菲换好工装，调适心情，坐在售后接待前台的椅子上，开始了今天的工作</td></tr>
<tr><td>计划学时</td><td>18~24 学时</td></tr>
</table>

工作页	上课地点		学生姓名		完成 / 未完成
	任课教师		上课时间		优 / 良 / 中 / 及格

项目导入

汽车保养是指定期对汽车相关部分进行检查、清洁、补给、润滑、调整或更换某些零件的预防性工作，又称汽车维护。保养的目的是保持车容整洁，技术状况正常，消除隐患，预防故障发生，减缓劣化过程，延长汽车的使用周期。

思考：请同学们想一想，作为服务顾问，为了更好地完成岗位工作，应具备哪些业务能力？

微组织：教师检查纠错，学生改正错误。微评价：☆☆☆☆☆

项目实施

任务一　保养预约与接待

步骤一：工作准备

请大声说出检查项目与内容，对照“保养预约与接待准备情况检查表”核准检查项目，见表 1-1-1。若已准备好，请在方框里画上“√”；若有遗漏，请补充后画上“√”。

表 1-1-1　保养预约与接待准备情况检查表

项　目	内　容
工作地点	汽车售后服务中心温馨的售后接待前台□　停车场□
工作设施	办公电话□　办公桌□　座椅□　计算机□　打印机□　对讲机□　售后预约管理看板□
工具用品	写字板□　笔□　预约登记表□　接车检查单□　任务委托书□　保养项目表□　汽车防护用品□　名片□

微组织 1：教师检查纠错，学生改正错误。微评价：☆☆☆☆☆

步骤二：拨打电话

1. 假定现在时间是 2021 年 5 月 1 日，根据车主王先生上次车辆保养时间、行驶里程等情况（见表 1-1-2），确定需要致电提醒王先生做 4 万公里保养。在表 1-1-3 中写下电话邀约客户做保养的关键词。

表 1-1-2　王先生的车辆信息

顾客姓名	王先生	联系电话	1581234××××
车型	奔腾 B70	行驶里程	40 000 km
车牌号	吉 A12345	上次保养时间	2020.4.30

表 1-1-3　电话邀约客户保养关键词

序　号	关　键　词	序　号	关　键　词
1		8	
2		9	
3		10	
4		11	
5		12	
6		13	
7		14	

微组织 2：教师检查纠错，学生改正错误。微评价：☆☆☆☆☆

2．请查看主教材和观看教师演示，完成下列对话：

您好，请问您是________？

我是________。

我是________。请问您的车辆现在的________是多少？

我的车大概行驶了4.1万公里。

您的车该做______________了，请问需要帮您进行________吗？这样可以无须等待，从而节约您的宝贵时间，也可以享受我们的免费添加玻璃水优惠！

好的。

请问您________方便来店保养呢？

我后天有空。

那我给您安排到________的下午2点，您看可以吗？

好啊，就这个时间吧！

本次您做的保养项目包括更换________、机油滤清器、________、空气滤芯和制动液，所需费用为1 040元，预计用时大约________。

好，我知道了。

请问王先生需要________吗？

谁都可以。

我们会提前电话提醒您的预约，到店时请带上您的________和________。

好的，知道了。

您本次预约的是4万公里保养，保养项目包括更换机油、机油滤清器，________，________，所需费用为________，预计用时大约________。________下午2点来店，请问还有其他可以帮到您的吗？

没有了。

王先生，________！祝您用车愉快，再见！

再见。

微组织3：教师检查纠错，学生改正错误。微评价：☆☆☆☆☆

3．两人一组，互相扮演王先生和服务顾问菲菲的角色，进行保养预约分组练习，并总结操作过程中存在的问题，记录在表1-1-4中，对原因进行简要分析。

表1-1-4　拨打电话问题汇总简析表

序　号	问　题	简　析
1		

续表

序　　号	问　　题	简　　析
2		
3		
4		

微组织 4：教师检查纠错，学生改正错误。微评价：☆☆☆☆☆

4. 请在方格内总结出拨打电话的礼仪规范。

微组织 5：教师检查纠错，学生改正错误。微评价：☆☆☆☆☆

步骤三：填写预约登记表

请根据拨打电话与王先生沟通的内容，完成预约登记表，见表 1-1-5。

表 1-1-5　预约登记表

顾客基本情况			
顾客姓名		联系电话	
车　　型		公里数	
车牌号码		购车日期	

<table>
<tr><th colspan="6">预约情况</th></tr>
<tr><td>预约进站时间</td><td>月　日　时　分</td><td colspan="2">预计交车时间</td><td colspan="2">月　日　时　分</td></tr>
<tr><th colspan="6">预约内容</th></tr>
<tr><td colspan="6">客户描述:</td></tr>
<tr><td colspan="6">故障初步诊断:</td></tr>
<tr><td colspan="6">所需配件（备件号）、工时:</td></tr>
<tr><td colspan="6">维修费用估价:</td></tr>
<tr><td colspan="6">客户其他要求:</td></tr>
<tr><td>预约上门取车时间</td><td>月　日　时　分</td><td>预约上门取车地点</td><td></td><td>交车人</td><td></td></tr>
<tr><td>预约上门交车时间</td><td>月　日　时　分</td><td>预约上门交车地点</td><td></td><td>收车人</td><td></td></tr>
<tr><td>取车 / 交车人签名</td><td colspan="2"></td><td>顾客或交接人签名</td><td colspan="2"></td></tr>
<tr><td colspan="6">备　　注:</td></tr>
</table>

微组织 6：教师检查纠错，学生改正错误。微评价：☆☆☆☆☆

步骤四：预约成功后准备

1. 请总结出预约成功后需要完成的准备工作，并完成预约成功后准备工作内容归纳图，如图 1-1-1 所示。

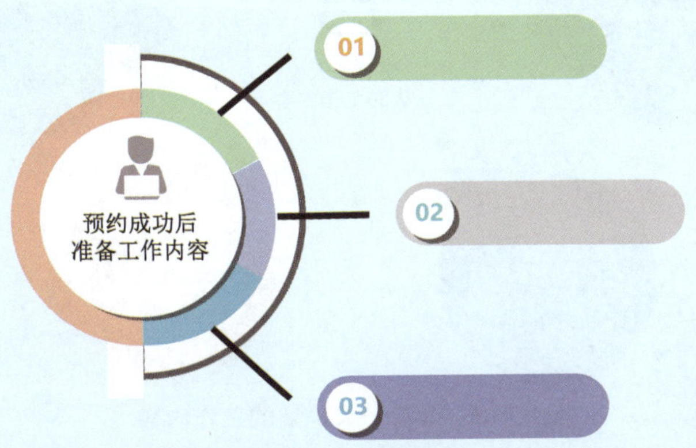

图 1-1-1　预约成功后准备工作内容

微组织 7：教师检查纠错，学生改正错误。微评价：☆☆☆☆☆

2. 请完成成功预约后准备工作并总结操作过程中存在的问题，将问题填写在“预约成功后准备工作问题汇总简析表”中，并进行简要分析，见表 1-1-6。

表 1-1-6　预约成功后准备工作问题汇总简析表

序　号	问　题	简　析
1		

续表

序　号	问　题	简　析
2		
3		

微组织 8：教师检查纠错，学生改正错误。微评价：☆☆☆☆☆

步骤五：提前一天确认

1. 张先生明天就要到店进行保养，今天需要对张先生进行预约确认。请总结出提前一天确认的工作内容，并完成图 1-1-2。

图 1-1-2　提前一天确认的工作内容

微组织 9：教师检查纠错，学生改正错误。微评价：☆☆☆☆☆

2. 请完成提前一天确认工作，并总结操作过程中存在的问题，将问题填写在“提前一天确认工作问题汇总简析表”中，并进行简要分析，见表 1-1-7。

表 1-1-7　提前一天确认工作问题汇总简析表

序　号	问　题	简　析
1		

续表

序　号	问　题	简　析
2		
3		

微组织 10：教师检查纠错，学生改正错误。微评价：☆☆☆☆☆

步骤六：提前一小时确认

1．经查询，陈先生预约了今日下午到店做保养。在约定时间的前一小时，需要最后电话确认客户是否能准时到店，以及确认备件、工具、保养人员、预约工位有无问题。请在完成下列对话填写后，两人一组，互相扮演陈先生和服务顾问菲菲的角色，进行电话确认的练习。

陈先生，您好，我是美美 4S 店服务顾问菲菲，您在 4 月 23 日预约的今天上午 10 点来我店进行________，请问您今天能准时到达吗？

我得稍微晚一点到。

好的，陈先生，我们可以给您保留到预约时间点之后一个小时。如果________，系统将不再当作预约处理，那样的话您就需要重新预约时间做保养了。您看时间上是否可以？

我大约在 10 点 40 到店。

那好的，陈先生，________！

微组织 11：教师检查纠错，学生改正错误。微评价：☆☆☆☆☆

2．总结在完成提前一小时确认工作中存在的问题，将问题填写在“提前一小时确认工作问题汇总简析表”中，并进行简要分析，见表 1-1-8。

表 1-1-8　提前一小时确认工作问题汇总简析表

序　号	问　题	简　析
1		
2		
3		

微组织 12：教师检查纠错，学生改正错误。微评价：☆☆☆☆☆

3．根据上面所学内容，归纳出保养预约的操作流程，完成保养预约操作流程图，如图 1-1-3 所示。

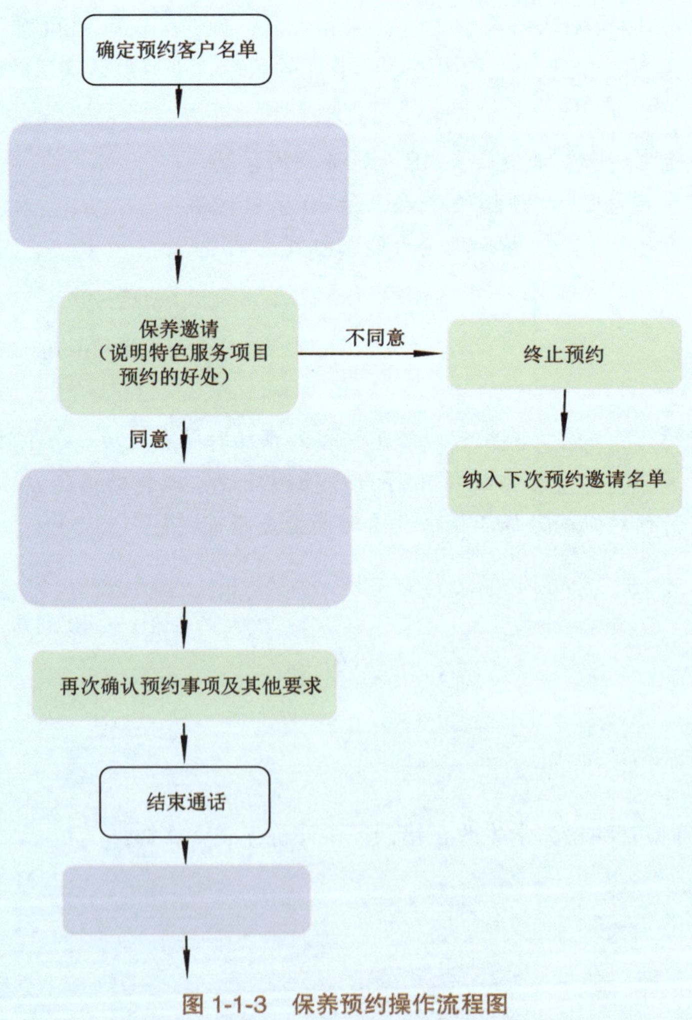

图 1-1-3　保养预约操作流程图

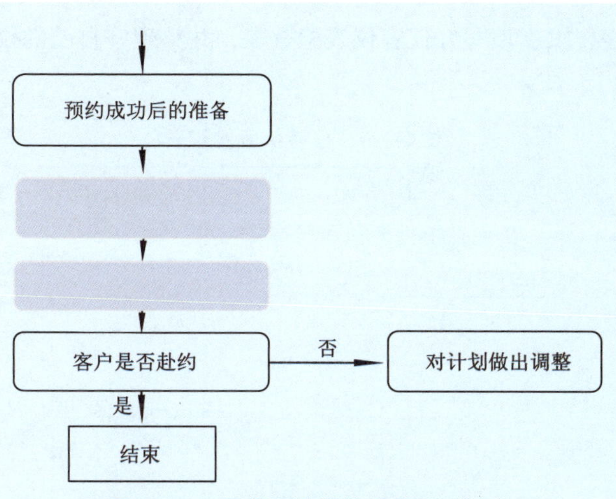

图 1-1-3　保养预约操作流程图（续）

微组织 13：教师检查纠错，学生改正错误。微评价：☆☆☆☆☆

步骤七：接待准备

1. 陈先生还有一小时就要到店保养了，请做好接待准备，总结出接待准备的工作内容，并完成接待准备工作内容图，如图 1-1-4 所示。

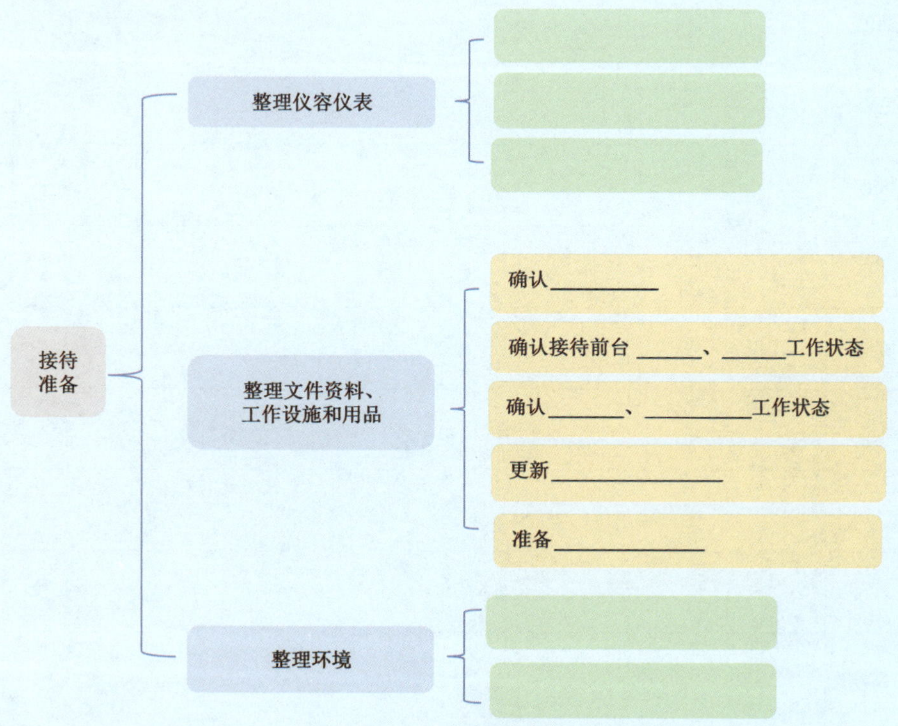

图 1-1-4　接待准备工作内容

微组织 14：教师检查纠错，学生改正错误。微评价：☆☆☆☆☆

2. 请根据仪容仪表要求，填写好仪容仪表检查表，并整理好自己的仪容仪表，对标自检与互检，见表 1-1-9。

表 1-1-9　仪容仪表检查表

<table>
<tr><th colspan="2">项　目</th><th>男　士</th><th>女　士</th></tr>
<tr><td colspan="2">头发</td><td colspan="2"></td></tr>
<tr><td colspan="2">发型</td><td></td><td></td></tr>
<tr><td colspan="2">面部</td><td></td><td></td></tr>
<tr><td colspan="2">口腔</td><td colspan="2"></td></tr>
<tr><td colspan="2">手部</td><td colspan="2"></td></tr>
<tr><td rowspan="4">服装</td><td>样式</td><td></td><td></td></tr>
<tr><td>颜色</td><td colspan="2"></td></tr>
<tr><td>色彩</td><td colspan="2"></td></tr>
<tr><td>状态</td><td colspan="2"></td></tr>
<tr><td rowspan="3">衬衫</td><td>颜色</td><td colspan="2"></td></tr>
<tr><td>质地</td><td colspan="2"></td></tr>
<tr><td>状态</td><td colspan="2"></td></tr>
<tr><td colspan="2">饰品</td><td></td><td></td></tr>
<tr><td colspan="2">胸牌</td><td colspan="2"></td></tr>
<tr><td colspan="2" rowspan="2">鞋袜</td><td></td><td></td></tr>
<tr><td colspan="2"></td></tr>
</table>

微组织 15：教师检查纠错，学生改正错误。微评价：☆☆☆☆☆

3．请仔细观看教师示范、查阅主教材、观看主教材相关视频，完成下列礼仪练习，并对照接待礼仪中的各项礼仪标准，一一进行自检与互检，确认已能规范熟练地使用后，在完成情况里画上“√”，并根据自己实际的练习情况，归纳出各接待礼仪需要注意的问题，见表 1-1-10。

表 1-1-10　各项礼仪练习检查表

序号	礼仪名称	完成情况（若完成，请打“√”）	需要注意的问题
1	微笑礼仪		
2	称谓礼仪		
3	自我介绍礼仪		
4	握手礼仪		
5	鞠躬礼仪		
6	名片礼仪		
7	递物与接物礼仪		
8	服务手势礼仪		

微组织 16：教师检查纠错，学生改正错误。微评价：☆☆☆☆☆

4．参考教材中提前一小时确认的内容，回顾陈先生的保养预约情况，填写完整“汽车售后预约管理看板”，见表 1-1-11。

表 1-1-11　汽车售后预约管理看板

序号	车牌号	客户姓名	预约时间	预约项目	服务顾问	维修技师

微组织 17：教师检查纠错，学生改正错误。微评价：☆☆☆☆☆

步骤八：迎接客户

1. 请查阅主教材和观看主教材中相关视频，归纳迎接陈先生的工作要点，并完成图 1-1-5。在完成下列对话填写后，两人一组，互相扮演王先生和服务顾问菲菲的角色，进行迎接客户的练习。

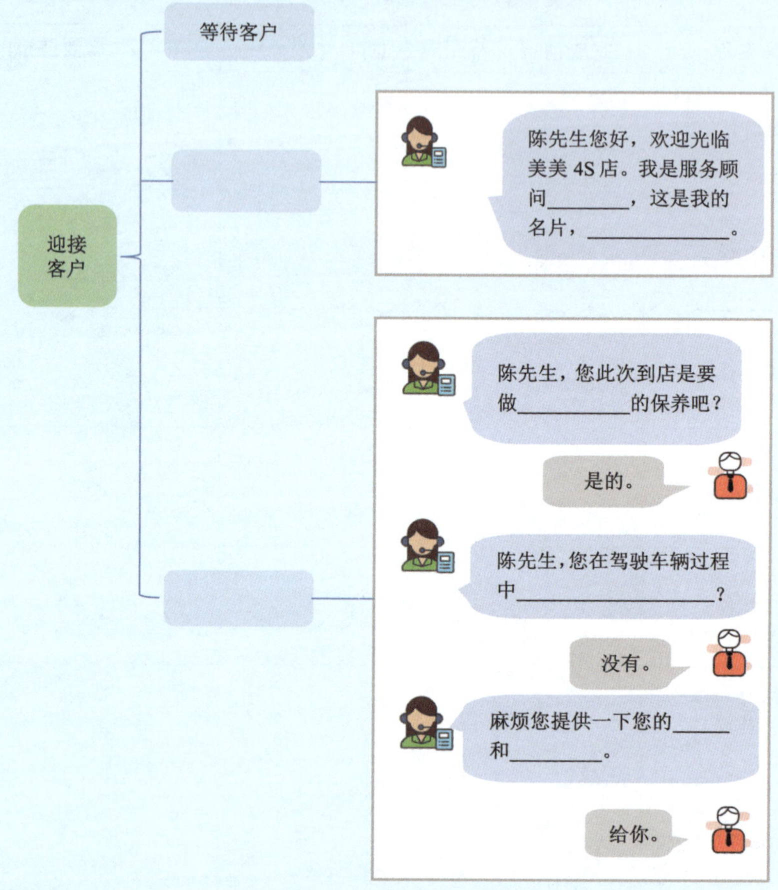

图 1-1-5　迎接客户工作要点

微组织 18：教师检查纠错，学生改正错误。微评价：☆☆☆☆☆

2. 请实施迎接客户工作并总结操作过程中存在的问题，将问题填写在“迎接客户工作问题汇总简析表”中，并进行简要分析，见表 1-1-12。

表 1-1-12　迎接客户工作问题汇总简析表

序　号	问　题	简　析
1		

续表

序　号	问　题	简　析
2		
3		
4		

微组织 19：教师检查纠错，学生改正错误。微评价：☆☆☆☆☆

步骤九：环车预检

1. 请查阅主教材和观看主教材中相关视频，总结出环车预检的工作要点，并完成环车预检工作要点归纳图，如图 1-1-6 所示。

图 1-1-6　环车预检工作要点

微组织 20：教师检查纠错，学生改正错误。微评价：☆☆☆☆☆

2. 在环车预检的工作中，首先要为陈先生的汽车安装护具（汽车防护五件套），请在图 1-1-7 中将对应的护具序号填写到右面图片相应的位置上。

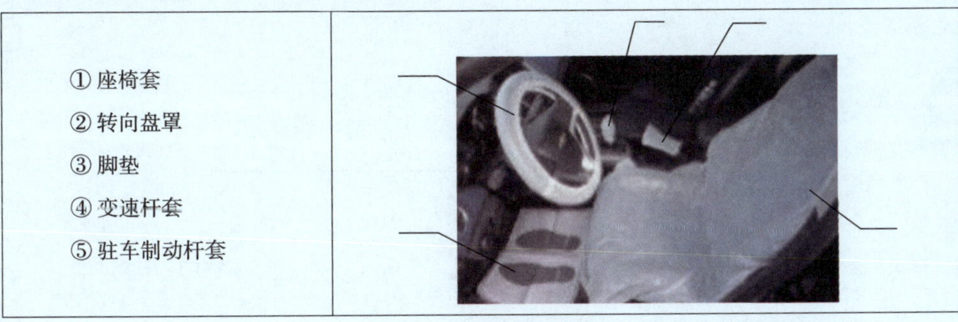

图 1-1-7　安装护具

微组织 21：教师检查纠错，学生改正错误。微评价：☆☆☆☆☆

3. 安装好护具后，接下来要进行车辆检查，在此之前，请根据环车预检位置示意图，将图 1-1-8 中环车预检位置按照 1 ~ 9 的顺序填写完整。

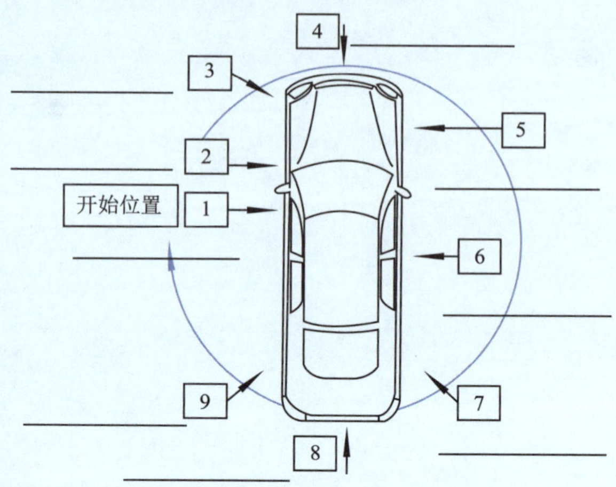

图 1-1-8　环车预检位置顺序

微组织 22：教师检查纠错，学生改正错误。微评价：☆☆☆☆☆

4. 依据主教材和主教材中相关视频，完成下列环车预检对话的填写：

陈先生，我要为您的爱车装上________________，防止在维护保养的过程中弄脏了您的爱车。

好的。

陈先生，您的爱车行驶里程是31 288公里，油表在________________处，车内的各种设备设施________________。接着我们的专业技师会为您做详细的检查。

嗯。

陈先生，经过初步检查，您的爱车没有什么问题。另外，陈先生，本次保养我们会为您的爱车________________。

好的，谢谢！

微组织 23：教师检查纠错，学生改正错误。微评价：☆☆☆☆☆

5. 在完成对话填写之后，请两人一组互相扮演王先生和服务顾问菲菲的角色，完成环车预检的分组练习。同时请依据环车预检要求，对照表 1-1-13 核准检查项目，对车的外观及内部按照顺序一一进行检查，并大声说出检查内容。若已完成，请在方框里画上“√”；若有遗漏，请补充后画上“√”。

表 1-1-13　环车预检内容

位　置	检 查 内 容
车内	□里程数、燃油量； □仪表板、刮水器、灯光、音响、空调是否正常工作； □杂物箱
左侧车门	□左侧车门及车身有无损伤； □左侧前后门锁止是否正常及外观有无损伤； □车架号与行驶证是否一致； □刮水器是否硬化或有裂纹
左前侧	□左前翼子板、左侧发动机舱盖、左侧后视镜有无损伤； □左侧风窗玻璃有无损伤； □左前轮胎是否有不均匀磨损、裂纹； □左前轮毂是否有损伤，轮毂盖是否遗失
正前方	□前照灯、前雾灯外观有无损伤； □前保险杠、正前方发动机舱盖有无损伤； □进气格栅有无损伤； □车标有无损伤； □车牌有无损伤； □发动机舱内的部件
右前侧	□右前翼子板、右侧发动机舱盖、右侧后视镜有无损伤； □右侧风窗玻璃有无损伤； □右前轮胎是否有不均匀磨损、裂纹； □右前轮毂是否有损伤，轮毂盖是否遗失
右侧车门	□右侧车门及车身有无损伤； □右侧前后门锁止是否正常及外观有无损伤； □内饰板、地毯、座椅等是否损坏； □贵重物品是否被遗忘在车内或地板上
左后侧	□左后侧轮胎是否有不均匀磨损、裂纹； □左后侧轮毂有无损伤，轮毂盖是否遗失； □左后侧风窗玻璃有无损伤
正后方	□行李舱盖、后保险杠有无损伤； □后风窗玻璃有无损伤； □车牌有无损伤； □尾灯外观有无损伤； □行李舱内是否有贵重物品、备胎及随车工具是否齐全

续表

位　　置	检 查 内 容
右后侧	□右后侧轮胎是否有不均匀磨损、裂纹； □右后侧轮毂有无损伤，轮毂盖是否遗失； □右后侧风窗玻璃有无损伤

微组织 24：教师检查纠错，学生改正错误。微评价：☆☆☆☆☆

6. 请完成环车预检工作并总结操作过程中存在的问题，将问题填写在“环车预检工作问题汇总简析表”中，并进行简要分析，见表 1-1-14。

表 1-1-14　环车预检工作问题汇总简析表

序　　号	问　　题	简　　析
1		
2		
3		

微组织 25：教师检查纠错，学生改正错误。微评价：☆☆☆☆☆

7. 请根据接待客户、环车预检情况以及接车检查单填写要求，仔细完成接车检查单，见表 1-1-15。

表 1-1-15　接车检查单

<table>
<tr><th colspan="4">常规保养接车检查单
（适用于首保为 5 000 km 的车型）</th><th colspan="3">委托书编号：</th></tr>
<tr><td>客户姓名/单位</td><td></td><td>车牌号：</td><td>行驶里程</td><td>km</td><td colspan="2">接车时间：</td></tr>
<tr><td colspan="2">VIN 码：</td><td>发动机号：</td><td colspan="2">车型：</td><td colspan="2">车主性质：公车 / 私车 / 运营车</td></tr>
<tr><td colspan="2">联系电话：</td><td>上次保养里程：　　km</td><td colspan="2">上次保养时间：　　年　月　日</td><td colspan="2">质量担保保养□
常规保养□</td></tr>
<tr><td rowspan="2">随车物品</td><td>1</td><td></td><td>备胎检查</td><td>是□　否□</td><td rowspan="4">燃油存量检查</td><td rowspan="4">0　1/2　1/1</td></tr>
<tr><td>2</td><td></td><td>是否洗车</td><td>是□　否□</td></tr>
<tr><td colspan="2">是否需要送车：是□　否□</td><td colspan="3">送车地址：</td></tr>
<tr><td colspan="2">是否需要带走旧件：是□　否□</td><td colspan="3">放置位置：</td></tr>
</table>

车辆外观检查		车辆内饰检查	
▼凹陷□		▽污渍□	
▲划痕□		△破损□	
◆石击□		◇色斑□	
●油漆□		○变形□	

委托内容					
保养套餐勾选		保养更换项目		易损件更换	需求
		更换项目	需求		
A	□ 5 000 km	机油		刮水器	
B	□每 10 000 km 保养	机油滤清器		制动片	
C1	□每 20 000 km 保养	放油螺栓		轮胎	
C2	□每 30 000 km 保养	空气滤芯		精益养护	
D	□每 60 000 km 保养	花粉滤芯		发动机润滑系统养护	
机油升级	□优选机油	燃油滤清器		燃油系统养护	
	□高端机油	火花塞		进气系统养护	
		自动变速箱 ATF 油		空调系统养护	
		变速箱齿轮油及齿轮油滤清器			
		制动液			

保养预计金额	材料费	元	增项预计金额	材料费	元
	工时费	元		工时费	元
总预计金额		元	预计交车时间		
用户其他需求及维修建议					
付款方式：□现金　□支票　□刷卡					

日期：　　服务顾问签字：　　客户签字：　　经销商名称：张家港保税区 ×× 汽车贸易有限公司

微组织 26：教师检查纠错，学生改正错误。微评价：☆☆☆☆☆

案　例

客户到店保养时，对4S店以及服务顾问不信任该怎么办?

第一，从客户角度出发，提供针对车辆保养以及其他方面的建议。告诉他哪些地方现在需要保养，哪些地方可以过一段时间再保养，不要把各种保养项目都推荐给客户，要让客户舒心、放心。

第二，就拟订进行的工作，事先征得客户的同意。任何没有和客户说明过的保养工作，在客户没有同意以前，都不要去做，只有在获得客户的同意与授权之后，才能进行。

第三，对已经商定的保养内容，告诉客户可以获得确定的报价。告诉客户不会随意增加费用，不会保养以后又把费用提高，让客户放心。

任务二　制单与保养

步骤一：工作准备

请大声说出检查项目与内容，对照“制单与保养工作准备情况检查表”核准检查项目，见表 1-2-1。若已准备好，请在方框里画上“√”；若有遗漏，请补充后画上“√”。

表 1-2-1　制单与保养工作准备情况检查表

项　目	内　容
工作地点	汽车售后服务中心的售后接待前台□　客户休息区□　维修车间□
工作设施	办公电话□　办公桌□　座椅□　计算机□　打印机□　对讲机□
工具用品	写字板□　笔□　接车检查单□　任务委托书□　汽车防护用品□

微组织 1：教师检查纠错，学生改正错误。微评价：☆☆☆☆☆

步骤二：制单

1. 在环车预检完成后，根据陈先生的车辆状况，制定出任务委托书，请同学们在查看主教材以及观看主教材中相关视频之后，在表 1-2-2 中写下制作任务委托书的工作要点关键词。

表 1-2-2　制作任务委托书的工作要点关键词

序号	关键词	序号	关键词
1		7	
2		8	
3		9	
4		10	
5		11	
6		12	

微组织 2：教师检查纠错，学生改正错误。微评价：☆☆☆☆☆

2．请查看主教材和观看教师演示，完成下列对话：

陈先生，您请坐。经过预检，您的车没有什么问题，和您确认一下________。

好的。

本次保养我们将给您的爱车做一个全车检查，更换________以及________。

那保养费用是多少呢？

陈先生，我给您估算了一下费用，本次3万公里保养做一个全车的检查，工时费是80元。除此之外，需要更换机油138元、机油滤清器13元，合计是________元。

好的。

陈先生，保养更换下来的旧件，________？

不需要，你们处理吧。

好的，陈先生，除此之外，我们还提供免费洗车服务，您看________？

好的，洗一下吧，谢谢！

整个保养的时间大约需要1个小时，洗车需要20分钟。这样的话整个时间大约是一个半小时。现在是11点，预计________可以提车。

好，我知道了。

那现在麻烦您签字________________，并留下您的联系电话。

好的。

陈先生，这只是给您做的一个估算价格。如果在保养过程中，我们的技师发现了其他问题会________________，和您协商，征得________________后，我们再继续作业。

好的，知道了。

这个请您拿好，取车时会用到它。

好的，谢谢！

微组织 3：教师检查纠错，学生改正错误。微评价：☆☆☆☆☆

3．两人一组，互相扮演陈先生和服务顾问菲菲的角色，进行制单操作的分组练习，并总结操作过程中存在的问题，对产生原因进行简要分析，见表 1-2-3。

表 1-2-3　制单问题汇总简析表

序　号	问　题	简　析
1		
2		
3		

续表

序　号	问　题	简　析
4		

微组织 4：教师检查纠错，学生改正错误。微评价：☆☆☆☆☆

4．请根据制单操作流程以及客户信息，完成任务委托书，见表 1-2-4。

表 1-2-4　任务委托书

任务委托书

编号：

维修单位		车辆进站时间	年　月　日　时	服务顾问	
客户信息	□车主　□送修人	地址		联系电话	
车辆信息	车牌号	车型	VIN	发动机号	里程数
作业信息	维修开始时间	预计交车时间	付款方式	非索赔旧件是否带走	
	年 月 日 时	年 月 日 时	□现金　□信用卡 □其他	□是　□否	
互动检查	是否有贵重物品		油箱油量	□空　□ <1/4	
	是□	否□		□半箱　□ <3/4　□满箱	

外出救援：是□　否□　救援里程（往返）：　（公里）　救援到达时间：

车身状况漆面检查，损伤部位下图标注	检查结果	
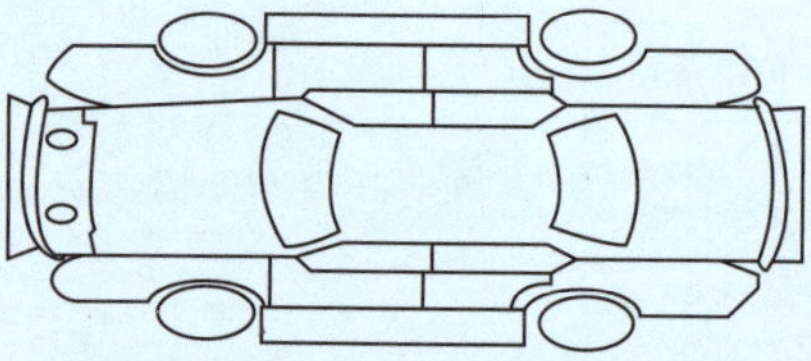	车身	
	车内	
	发动机舱	
	底盘	

客户须知	客户故障描述
1．客户提供的资料，信息真实有效。 2．维修完成时间以通知客户接车时间为准。 3．客户应在接到通知 2 小时内接车。 4．客户违反“客户须知”产生的风险和损失客户本人自愿承担	

客户确认：本人已阅知并理解上述内容。　客户签字：

	项目内容	备件	是否索赔	材料费	工时费	小计	维修人	检查人
维修项目			是　否					
			是　否					
			是　否					
			是　否					
			是　否					
			是　否					
			是　否					
	预估费用：		费用小计					
客户确认以上维修项目及费用：								
新增维修项目	项目内容	备件	是否索赔	材料费	工时费	小计	维修人	检查人
			是　否					
			是　否					
			是　否					
			是　否					
	预估新增维修时间：		费用小计					
	预估新增维修费用：							
客户确认以上维修项目及费用：								

索赔费用		自费费用		维修总费用		交通补偿费用（元）：	
质检员签字（盖章）：		通知用户接车方式	现场　短信　电话	通知用户接车时间	年　月　日　时	实际交车时间	年　月　日　时
客户评价	□满意	□不满意	不满意原因：□服务接待　□服务环境　□维修质量　□维修时间　□备件保供　□维修收费　□产品质量				
本人确认以上内容与本人委托需求一致并已提车。　客户签字：							

备注：此表一式三联。客户、维修、财务各一联。

微组织 5：教师检查纠错，学生改正错误。微评价：☆☆☆☆☆

步骤三：安排客户休息

1. 通过阅读和观看主教材中的视频，总结出安排陈先生到休息室休息的工作要点，填写到图 1-2-1 中。

图 1-2-1　安排客户休息工作内容

微组织 6：教师检查纠错，学生改正错误。微评价：☆☆☆☆☆

2. 两人一组，互相扮演王先生和服务顾问菲菲的角色，进行安排客户休息情景练习。总结操作过程中存在的问题，并对产生原因进行简要分析，见表 1-2-5。

表 1-2-5 安排客户休息问题汇总简析表

序 号	问 题	简 析
1		
2		
3		
4		

微组织 7：教师检查纠错，学生改正错误。微评价：☆☆☆☆☆

步骤四：派工保养

1. 通过阅读和观看主教材中的视频，请归纳出派工保养的工作要点，并完成派工保养工作要点思维导图，如图 1-2-2 所示。

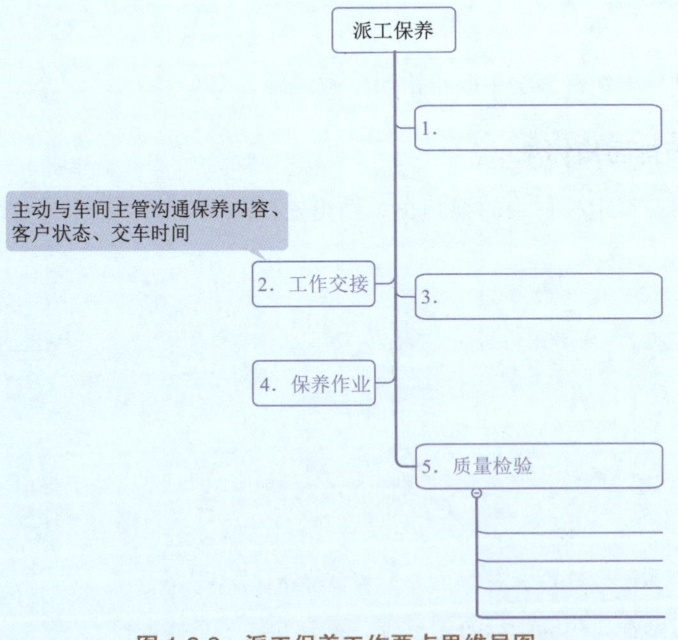

图 1-2-2 派工保养工作要点思维导图

微组织 8：教师检查纠错，学生改正错误。微评价：☆☆☆☆☆

2．请实施派工保养并总结操作过程中存在的问题，并对原因进行简要分析，见表 1-2-6。

表 1-2-6　派工保养问题汇总简析表

序　号	问　题	简　析
1		
2		
3		
4		

微组织 9：教师检查纠错，学生改正错误。微评价：☆☆☆☆☆

3．请在表 1-2-7 中补充写出车间派工工作要求。

表 1-2-7　车间派工工作要求

序号	工 作 要 求
1	应严格________________的维护保养项目进行维护保养
2	任何对委托书的修改都需经________________
3	发现委托书维护保养项目与实际不符或发现客户没发现的问题，应________________
4	服务顾问对反馈的问题，应________________，及时通知客户并________________，得到确认后，更改委托书并通知车间技工
5	车间技工在工作过程中应________________要求操作
6	应按照要求使用________________和检测仪器
7	应使用________________进行诊断和工作
8	服务顾问应________________，将变化及时通知客户
9	应________________领取备件
10	应主动为客户处理一些小的故障
11	应________________委托书上和客户约定的内容
12	应爱护客户的财产，工作中使用________________
13	应遵守________________的有关规定
14	遇到技术难题应向技术专家求助
15	确认所有工作完成后，应进行________________
16	应完成委托书的维护保养报告等内容并________________

微组织 10：教师检查纠错，学生改正错误。微评价：☆☆☆☆☆

案　例

客户由于工作原因，心情不好，脾气很差。到店做保养时，看什么都不顺眼。作为服务顾问，遇到这样的客户，应该怎么办？

三步缓解客户的坏情绪：

第一，不要急于向身陷负面情绪的客户推荐保养项目。

第二，对于客户的负面情绪做出反应。向客户提供温馨的服务，比如递上一杯温水。

第三，同理客户，聆听客户倾诉。如果客户向你抱怨工作上遇到的烦心事，请耐心倾听。他向你抱怨也并不是希望你为他解决什么，只是想有一个人站在他的一边。当然如果你在倾听之后能给他提供有用的建议，可以增加他对你的信任。

任务三　交车与回访

步骤一：工作准备

请大声说出检查项目与内容，对照制单与保养工作准备情况检查表核准检查项目，见表 1-3-1。若已准备好，请在方框里画上“√”；若有遗漏，请补充后画上“√”。

表 1-3-1　制单与保养工作准备情况检查表

项　目	内　容
工作地点	汽车售后服务中心的售后接待前台□　客户休息区□　维修车间□
工作设施	办公电话□　办公桌□　座椅□　计算机□　打印机□　对讲机□
工具用品	写字板□　笔□　任务委托书□　结算单□　回访记录表□

微组织 1：教师检查纠错，学生改正错误。微评价：☆☆☆☆☆

步骤二：交车准备

1. 接到了洗车人员通知，陈先生的车辆已清洁并已移至交车区。洗车人员将车钥匙及车辆交给了你，请你做好交车准备。在查看主教材以及观看主教材中相关视频之后，归纳出交车准备的工作要点，并完成交车准备工作要点思维导图，如图 1-3-1 所示。

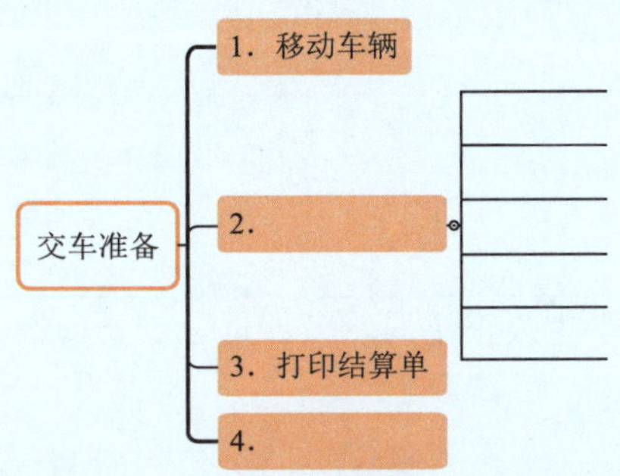

图 1-3-1　交车准备工作要点

微组织 2：教师检查纠错，学生改正错误。微评价：☆☆☆☆☆

2. 请在表格内写出车间派工工作要求，见表 1-3-2。

表 1-3-2　车间派工工作要求表

序号	工 作 要 求
1	在维护保养过程中如果拆卸过收音机或者调整过收音机频段，在保养完毕之后应调回到＿＿＿＿＿＿＿＿＿＿
2	在驾驶室调整之前应做好＿＿＿＿＿＿＿＿＿＿，当维修工作结束之后，应按照原位置标志恢复到驾驶室座椅原来的位置
3	汽车人员洗车时需要认真、仔细地对前、后风窗玻璃，＿＿＿＿＿＿＿＿＿＿，左外、车内、右外后视镜等重点部位认真清洗擦拭，确保＿＿＿＿＿＿＿＿＿＿等情况
4	汽车人员在车辆内部清理时，需重点清洗＿＿＿＿＿＿＿＿＿＿、＿＿＿＿＿＿＿＿＿＿、发动机舱等部位
5	对于烟灰缸、地毯、仪表等部位的灰尘，洗车人员需＿＿＿＿＿＿＿＿＿＿，确保干净

续表

序号	工 作 要 求
6	车辆清洗完毕后，需由专人驾驶停放到________，车辆摆放要整齐，并盖上车罩、________，便于交车时客户驶出停车场
7	内部交车时有任何不清楚的地方，应询问________

微组织 3：教师检查纠错，学生改正错误。微评价：☆☆☆☆☆

3. 请完成交车准备工作，并总结操作过程中存在的问题，对原因进行简要分析，见表 1-3-3。

表 1-3-3　交车准备汇总简析表

序　　号	问　　题	简　　析
1		
2		
3		
4		

微组织 4：教师检查纠错，学生改正错误。微评价：☆☆☆☆☆

步骤三：验车结算

1. 在做好交车准备后，电话通知王先生可以交车了。请同学们在查看主教材以及观看主教材中相关视频之后，总结出验车结算的工作要点，填写到图 1-3-2 中。

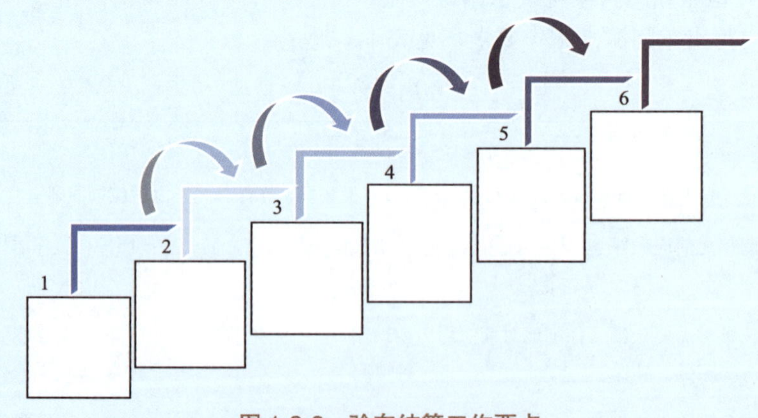

图 1-3-2　验车结算工作要点

微组织 5：教师检查纠错，学生改正错误。微评价：☆☆☆☆☆

2．请查看主教材和观看教师演示，完成下列对话：

陈先生。3 万公里的保养已经做好，车也为您洗好了。我们一起看一下车的发动机机油。
您看，机油已经为您更换完毕，并且________________。

好的。

陈先生您看，玻璃水也已经________________了。

谢谢。

陈先生，这些是为您的爱车更换下来的旧件，我________________？

你们处理吧。

陈先生，您请坐。我再次________________，您本次做的是 3 万公里的保养，更换了机油和机油滤清器。其中机油是 138 元。机油滤清器是 13 元。工时费是 80 元，一共花费 231 元。还有不清楚的地方吗？

没有。

好的，陈先生，那麻烦您帮我在________________上签字确认一下。

好的。

陈先生，我们这最近有一个活动。有一个________________。
您可以预存 500 元，你以后来保养的话，为您打八五折。您看您需要吗？

先不用了。

陈先生，请问您__________________付款吗？还是__________________或支付宝付款呢？

微信吧。

好的，陈先生。我带您__________________。

微组织 6：教师检查纠错，学生改正错误。微评价：☆☆☆☆☆

3. 两人一组，互相扮演王先生和服务顾问菲菲的角色，进行验车结算情景练习。总结操作过程中存在的问题，并对原因进行简要分析，见表 1-3-4。

表 1-3-4　验车结算问题汇总简析表

序　号	问　题	简　析
1		
2		
3		

微组织 7：教师检查纠错，学生改正错误。微评价：☆☆☆☆☆

步骤四：交车送别

1. 在与王先生完成验车结算后，可以做最后的交车工作了。请同学们在查看主教材以及观看主教材中相关视频之后，总结出交车送别的工作要点，填写到图 1-3-3 中。

图 1-3-3　交车送别工作要点

微组织 8：教师检查纠错，学生改正错误。微评价：☆☆☆☆☆

2. 请查看主教材和观看教师演示，完成下列对话。

陈先生，这是您的________________、________________和车钥匙，请您收好。
我现在要取下________________，麻烦您稍等一下。

好的。

您的爱车下次保养时间是5万公里，您到时候提前联系我，我为您去________________，并且为您预留工位配件和维修技师，这样可以________________。另外，用车过程中有任何问题都可以给我打电话，如有需要，可以拨打我们的________________，我们的救援电话24小时为您服务。

谢谢。

陈先生，耽误您一点时间，麻烦您填写一个________________，可以吗？

好的。

陈先生，我们还会在三天之内对您进行电话回访。不知道您什么时候________________呢？

下午给我打电话吧，我一般下午不怎么忙。

好的，陈先生。
陈先生，________________，再见。

微组织9：教师检查纠错，学生改正错误。微评价：☆☆☆☆☆

3．两人一组，互相扮演王先生和服务顾问菲菲的角色，进行交车送别情景练习。总结操作过程中存在的问题，并对产生原因进行简要分析，见表 1-3-5。

表 1-3-5　安排客户休息问题汇总简析表

序　号	问　题	简　析
1		
2		
3		
4		

微组织 10：教师检查纠错，学生改正错误。微评价：☆☆☆☆☆

步骤五：电话回访

1. 根据汽车售后服务管理系统的信息，了解到今日要对昨日来做保养的房女士进行电话回访。通过阅读主教材和观看主教材中视频，总结出电话回访的工作要点，填写到图 1-3-4 中。

图 1-3-4　电话回访工作要点

微组织 11：教师检查纠错，学生改正错误。微评价：☆☆☆☆☆

2．请查看主教材和观看教师演示，完成下列对话：

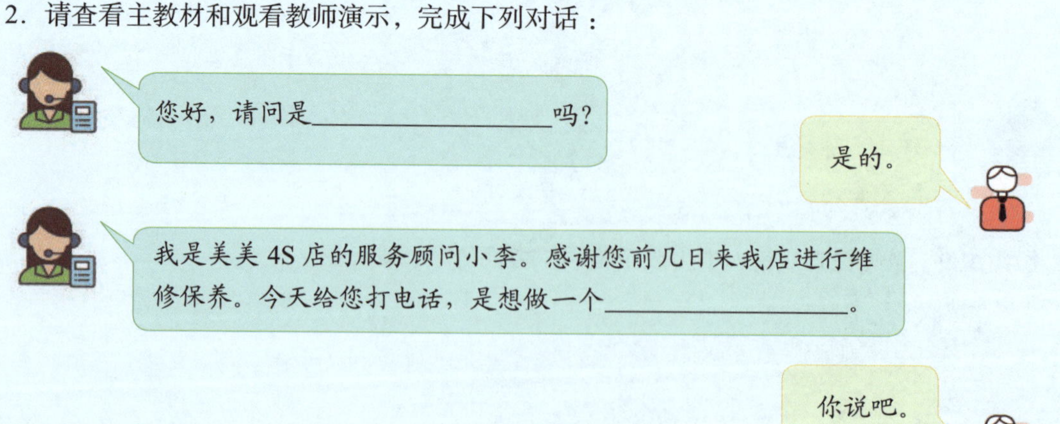

房女士，请问您在2021年4月25日做完保养后，现在________________？

没什么问题。

请问您对我们的工作是否有________________？

没有。

请问我们的工作人员是否提醒您________________？

提醒了。

谢谢您的配合，祝您________________，再见。

再见。

微组织12：教师检查纠错，学生改正错误。微评价：☆☆☆☆☆

3. 请根据电话回访内容，完成电话回访记录表，见表1-3-6。

表1-3-6　任务委托书

<table>
<tr><th colspan="8">电话回访记录表</th></tr>
<tr><td rowspan="2">客户情况</td><td colspan="2">姓名</td><td>车号</td><td colspan="2">车型</td><td colspan="2">电话</td></tr>
<tr><td colspan="2"></td><td></td><td colspan="2"></td><td colspan="2"></td></tr>
<tr><td rowspan="4">跟踪情况</td><td colspan="2">跟踪日期</td><td></td><td colspan="2">是否全部满意</td><td colspan="2"></td></tr>
<tr><td colspan="7">不满意项目</td></tr>
<tr><td>保养质量</td><td>保养速度</td><td>服务态度</td><td>工时价格</td><td>配件价格</td><td>配件质量</td><td>其他</td></tr>
<tr><td></td><td></td><td></td><td></td><td></td><td></td><td></td></tr>
<tr><td colspan="8">用户建议、批评或表扬</td></tr>
<tr><td>处理情况</td><td colspan="7">□回答　□返工　□完成</td></tr>
<tr><td colspan="2">填表人：</td><td colspan="6">时间：</td></tr>
</table>

微组织13：教师检查纠错，学生改正错误。微评价：☆☆☆☆☆

4．两人一组，互相扮演王先生和服务顾问菲菲的角色，进行电话回访情景练习。总结操作过程中存在的问题，并对原因进行简要分析，见表 1-3-7。

表 1-3-7　派工保养问题汇总简析表

序　号	问　题	简　析
1		
2		
3		
4		

微组织 14：教师检查纠错，学生改正错误。微评价：☆☆☆☆☆

5．请在表 1-3-8 中写出回访客户的基本要求。

表 1-3-8　回访客户基本要求

序号	工 作 要 求
1	必须保证车辆在修后交车________内对每一位客户进行________，了解修后车辆是否处于________
2	打电话要________的时间
3	使用________，发音要自然、友善
4	进行电话回访的工作人员要懂________、懂沟通及语言技巧
5	不要________，给没有准备的客户一定时间和机会回忆细节，也避免让客户觉得你很忙
6	不要________，记下客户的________（批评、表扬）
7	对客户的不合理要求________
8	耐心听取具体投诉原因，表示________，记录________，并通过重复验证准确性，及时将客户的投诉制作《客户抱怨 / 投诉处理表》，督促和落实客户投诉处理
9	如果客户有抱怨，不要________搪塞，告诉客户你已记下他的意见，并让客户相信只要他愿意，有关人员会与他联系并解决问题
10	回访对象必须是________的客户，对象越多越具有代表性；维修费用的多少也可以作为一个衡量标准
11	对电话跟踪的结果________
12	对跟踪的情况进行分析并________
13	对有问题或抱怨的客户进行妥善的________
14	跟踪服务工作由________担任

微组织 15：教师检查纠错，学生改正错误。微评价：☆☆☆☆☆

续表

案　例

客户抱怨“保养就是换换机油、机油滤清器，费用为何这样高呢？你们的车保养费用太高了，比修理厂高多了！”遇到这样的问题，应该怎么办呢？

（1）事实：4S店为用户车辆保养提供专业的技术人员、配套的设备、原厂备件，这是优质安全的保证。另外，费用也是在厂家指导下制定的，更换机油、机油滤清器只是保养的一部分，还要按照企业要求为客户提供其他检测项目。

（2）客户情感：在保养前也不给我报价，收费这么高，以后就不来了。

（3）客户希望服务顾问：在汽车保养前预先给客户报价，告知保养需要的时间和收费标准。

（4）解决方案：作为服务顾问，在察觉到客户不满后，应立即道歉，并且立即接待客户。向客户介绍关于保养的时间和收费问题，尽量使客户理解。保证下次来店一定不会出现类似的情况。为了表示歉意，服务人员可以送客户一些小礼品等。

笔记栏

项目二　接待故障车维修客户

项目任务单

项目描述	完成故障车维修客户接待
项目要求	依据汽车售后服务核心流程，完成故障车维修客户接待。 1．维修预约和接待。 2．制单与维修。 3．交车与回访
学习目标	1．能够说出接听电话、仪态礼仪。 2．能够说出常见故障分析。 3．能够说出接车问诊和环车预检工作要素。 4．能够运用 5W2H 方法进行故障问诊。 5．能够依据汽车售后服务核心流程，完成故障车维修客户的接待。 6．能够规范地填写预约登记表。 7．能够规范地填写接车检查表。 8．能够规范地制作任务委托书。 9．能够规范地制作结算单。 10．能够规范地填写回访记录表。 11．能够养成良好的职业规范和认真、热情的工作态度。 12．树立学习、工作环境的主人翁意识
项目载体	昨天下班前，服务顾问小刘已经查询了汽车售后服务管理系统，确定了今天要完成三项工作。今天一早，小刘准时来到了美美 4S 店，他刚做好售后接待前台 5S，突然接到了客户的维修诉求电话。因此，小刘今天一共有四项工作要完成： 1．接听郑先生的维修诉求电话。 2．对王先生提前一天预约确认。 3．接待预约今日下午一点进行维修的宋先生。 4．电话回访孙先生。 小刘坐在售后接待前台的椅子上，认真接听郑先生的维修诉求电话，开始了今天的工作
计划学时	18~24 学时

工作页	上课地点		学生姓名		完成 / 未完成
	任课教师		上课时间		优 / 良 / 中 / 及格

项目导入

汽车维修是汽车保养和修理的泛称。其中汽车保养是为了维持汽车完好技术状况或工作能力而进行的作业。而汽车修理是为了恢复汽车完好技术状况或工作能力以及使用寿命而进行的作业。其目的在于及时排除故障，恢复车辆的技术性能，节约运行消耗，延长其使用寿命。车辆维修业务是各品牌 4S 店或维修服务站的售后服务部门最基础的业务，占售后服务收入的 60% ~ 70%，高质量的维修可以增强专营店的竞争力，提高专营店信誉度，并获得稳固的回报。一般维修车辆的接待工作较之保养车辆的接待内容更为复杂。

思考：请同学们想一想，在接待故障车维修客户时会增加哪些工作？对服务顾问有哪些更高的要求？

微组织：教师检查纠错，学生改正错误。微评价：☆☆☆☆☆

项目实施

任务一　维修预约与接待

步骤一：工作准备

请大声说出检查项目与内容，对照“维修预约与接待准备情况检查表”核准检查项目，见表 2-1-1。若已准备好，请在方框里画上“√”；若有遗漏，请补充后画上“√”。

表 2-1-1　维修预约与接待准备情况检查表

项　目	内　容
工作地点	汽车售后服务中心的温馨的售后接待前台□　停车场□
工作设施	办公电话□　办公桌□　座椅□　计算机□　打印机□　对讲机□　售后预约管理看板□
工具用品	写字板□　笔□　预约登记表□　接车检查单□　任务委托书□　保养项目表□　汽车防护用品□　名片□

微组织 1：教师检查纠错，学生改正错误。微评价：☆☆☆☆☆

步骤二：接听客户维修诉求电话

1. 郑先生的车出现了故障，于是他给美美 4S 店拨打了电话。请查阅主教材和观看主教材中相关视频，归纳出接听客户维修诉求电话的工作要点关键词，并填写在表 2-1-2 中。

表 2-1-2　接听客户电话工作要点关键词

序号	关　键　词	序号	关　键　词
1		6	
2		7	
3		8	
4		9	
5		10	

微组织 2：教师检查纠错，学生改正错误。微评价：☆☆☆☆☆

2. 请查看教材和观看教师演示，完成下列对话：

您好！美美 4S 店，我是________________，请问有什么可以帮您的吗？

您好，我想问一下我的车有异响是怎么回事啊？

您好，请您先告诉我一下您的__________________，还有车型和__________________。

郑岩。我的车是迈腾，车牌号是吉 ××××。

好的，您稍等，我查询一下您的__________________。请问您车辆的声音具体是__________________？

好像是左前部车轮附近。

那您记得是行驶在__________________发出的声音？

在平路和颠簸的路面都会响。

那是__________________响呢？

嗯，在转弯还有原地打方向的时候响得厉害。

好的，那么您是说您的车子在__________________，转弯和原地打方向时车子__________________附近有异响，对吧？

是这样的。

好的，郑先生。根据您的描述，我判断可能是__________________有问题。您看您什么时间方便来我们店里进行一下维修，我可以帮您__________________，这样可以节约您的宝贵时间。

好的，我想大后天下午1点去修车。

不好意思郑先生，大后天下午1点没有工位了，您看__________________?

可以。

好的，郑先生。我再次和您确认一下，5月15日大后天的下午3点，您将来我店进行维修。__________________、具体的__________________、维修用时会在我们的技师详细检查后告知您。我们将恭候您的到来，到时，请带上您的行驶证和保养手册。

好，我知道了。

另外，我们的预约服务只会保留到预约时间之后的15分钟，超过这个时间将会__________________您的预约。如果您临时有事不能到达，请__________________，我会及时为您做出相应的调整。我的联系方式就是现在和您通话的号码。

好的。

期待__________________，再见。

再见。

微组织3：教师检查纠错，学生改正错误。微评价：☆☆☆☆☆

3. 两人一组，互相扮演王先生和服务顾问菲菲的角色，进行维修预约分组练习。并总结操作过程中存在的问题，对产生原因进行简要分析，填写在表2-1-3中。

表2-1-3　拨打电话问题汇总简析表

序　号	问　　题	简　　析
1		
2		

续表

序　　号	问　　题	简　　析
3		
4		

微组织 4：教师检查纠错，学生改正错误。微评价：☆☆☆☆☆

4．请在方格内总结出接听电话礼仪规范。

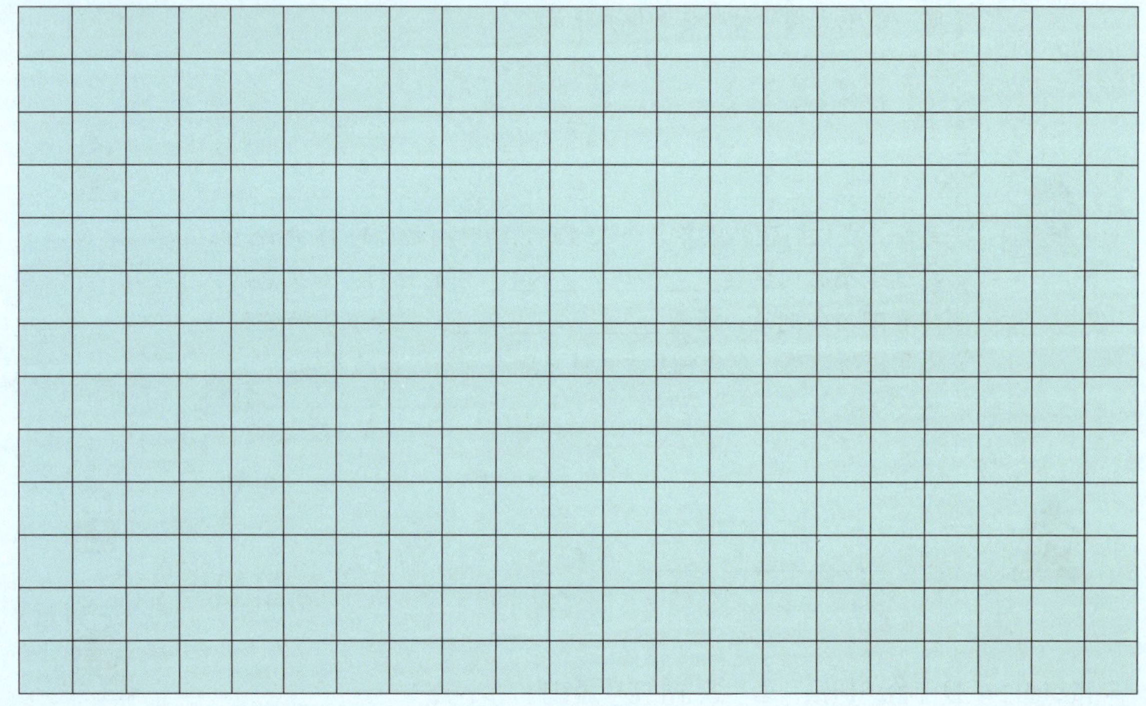

微组织 5：教师检查纠错，学生改正错误。微评价：☆☆☆☆☆

步骤三：填写预约登记表

请根据拨打电话与王先生沟通的内容，完成预约登记表，见表 2-1-4。

表 2-1-4　预约登记表

顾客基本情况			
顾客姓名		联系电话	
车型		公里数	
车牌号码		购车日期	
预　约　情　况			
预约进站时间	月　日　时　分	预计交车时间	月　日　时　分

<table>
<tr><th colspan="6">预约内容</th></tr>
<tr><td colspan="6">客户描述：</td></tr>
<tr><td colspan="6">故障初步诊断：</td></tr>
<tr><td colspan="6">所需配件（备件号）、工时：</td></tr>
<tr><td colspan="6">维修费用估价：</td></tr>
<tr><td colspan="6">客户其他要求：</td></tr>
<tr><td>预约上门取车时间</td><td>月　日　时　分</td><td>预约上门取车地点</td><td></td><td>交车人</td><td></td></tr>
<tr><td>预约上门交车时间</td><td>月　日　时　分</td><td>预约上门交车地点</td><td></td><td>收车人</td><td></td></tr>
<tr><td>取车 / 交车人签名</td><td colspan="2"></td><td colspan="2">顾客或交接人签名</td><td></td></tr>
<tr><td colspan="6">备注：</td></tr>
</table>

微组织 6：教师检查纠错，学生改正错误。微评价：☆☆☆☆☆

步骤四：预约成功后准备

请总结出预约成功后需要完成的准备工作，并完成预约成功后准备工作内容归纳图，如图 2-1-1 所示。

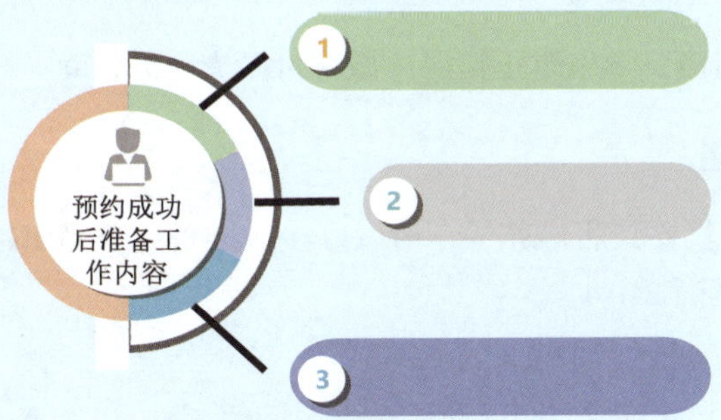

图 2-1-1　预约成功后准备工作内容

微组织 7：教师检查纠错，学生改正错误。微评价：☆☆☆☆☆

步骤五：提前一天确认

张先生明天就要到店进行保养，今天需要对张先生进行预约确认。请总结出提前一天确认的工作内容，并完成提前一天确认工作内容，并填写在图 2-1-2 中。

图 2-1-2　提前一天确认的工作内容

微组织 8：教师检查纠错，学生改正错误。微评价：☆☆☆☆☆

步骤六：提前一小时确认

张先生明天就要到店进行保养，今天需要对张先生进行预约确认。请总结出提前一小时确认的工作内容，并完成提前一小时确认工作内容归纳图，如图 2-1-3 所示。

图 2-1-3 提前一小时确认的工作内容

微组织 9：教师检查纠错，学生改正错误。微评价：☆☆☆☆☆

步骤七：接待准备

1. 陈先生还有一小时就要到店保养了，请做好接待准备，总结出接待准备的工作内容，并完成接待准备工作内容图，见图 2-1-4。

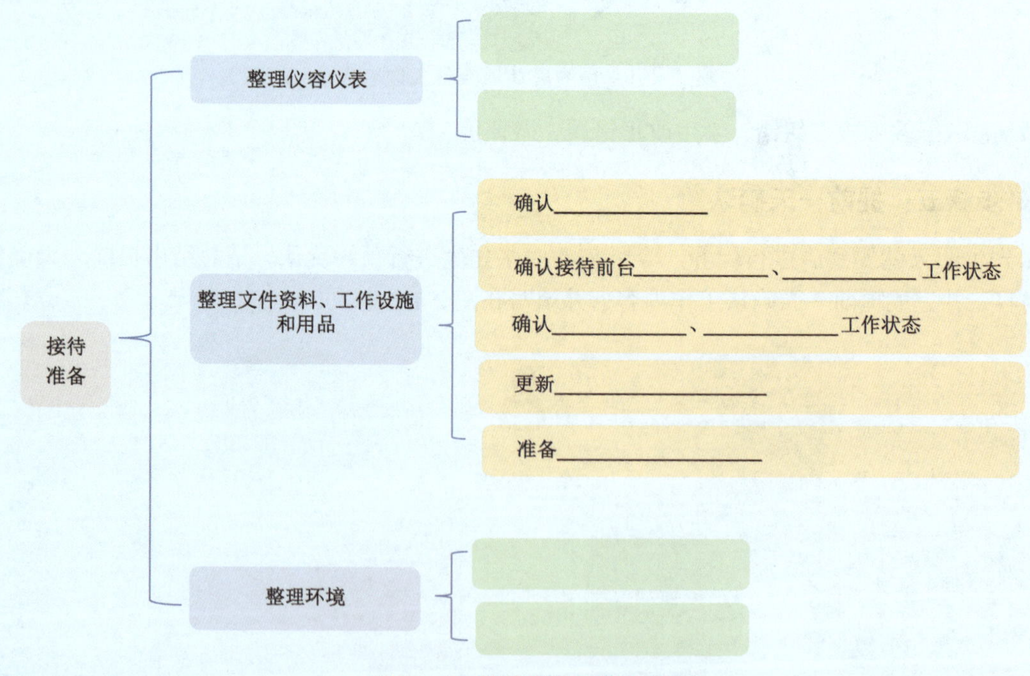

图 2-1-4 接待准备工作内容

微组织 10：教师检查纠错，学生改正错误。微评价：☆☆☆☆☆

2. 请仔细观看教师示范、查阅主教材、观看主教材中相关视频，完成下列礼仪的练习，并对照接待礼仪中的各项礼仪标准，一一进行自检与互检，确认已规范熟练地使用后，在完成情况里画上“√”，并根据自己实际的练习情况，归纳出各接待礼仪需要注意的问题，见表 2-1-5。

表 2-1-5　各项礼仪练习检查表

男　士				女　士			
序号	礼仪名称	完成情况（若完成，请打“√”）	需要注意的问题	序号	礼仪名称	完成情况（若完成，请打“√”）	需要注意的问题
1	基本站姿			1	丁字步站姿		
2	前腹式站姿			2	八字步站姿		
3	基本站姿			3	双腿斜放式坐姿		
4	后背式站姿			4	双腿叠放式坐姿		
5	正襟危坐式坐姿			5	前伸后屈式坐姿		
6	男士行姿			6	标准式坐姿		
7	高低式蹲姿			7	双腿交叉式坐姿		
				8	女士行姿		
				9	高低式蹲姿		
				10	交叉式蹲姿		

微组织 11：教师检查纠错，学生改正错误。微评价：☆☆☆☆☆

步骤八：迎接客户

请查阅主教材和观看主教材中相关视频，完成下列对话填写后，两人一组，互相扮演王先生和服务顾问菲菲的角色，进行迎接客户的练习。

陈先生您好，__________________美美4S店。我是服务顾问小李，这是我的名片，很高兴为您服务。郑先生，您此次到店是要进行__________________吗？

是的。

好的，郑先生，我查询了一下您的车辆信息，您的爱车已超过了__________________，所以本次维修需要您__________________。

那好吧。

微组织12：教师检查纠错，学生改正错误。微评价：☆☆☆☆☆

步骤九：接车问诊

1. 通过教材以及网络资料，学习5W2H分析法，将5W2H分析法的具体内容填写到图2-1-5中。

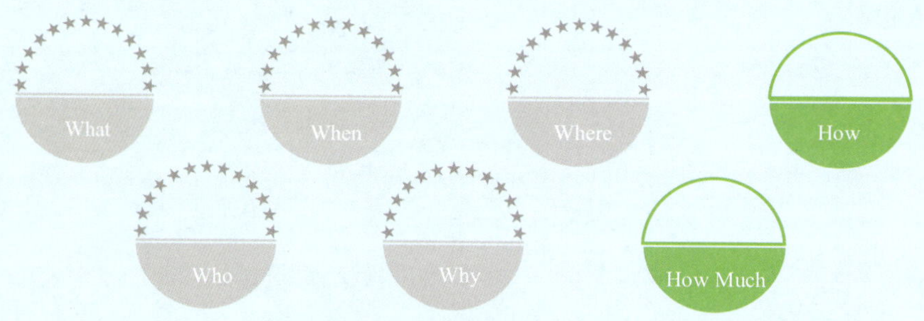

图2-1-5　5W2H分析法

微组织13：教师检查纠错，学生改正错误。微评价：☆☆☆☆☆

2. 请查阅主教材和观看主教材中相关视频，完成下列对话填写后，两人一组，互相扮演王先生和服务顾问菲菲的角色，进行迎接客户的练习。

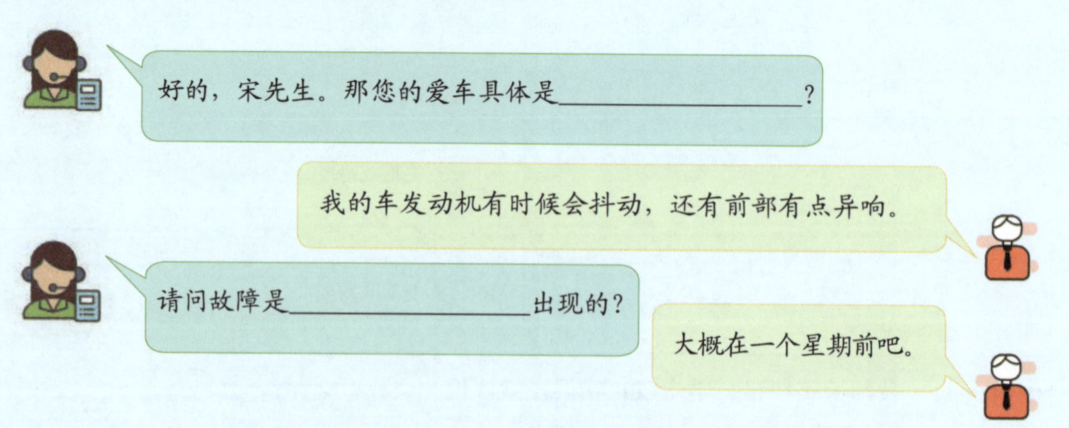

请问故障出现时是________________？

一般是在故障灯亮的时候，发动机都会抖动。

请问故障是出现在________________？

一般是在等红灯的时候。

好的，宋先生。我已经为您的爱车的故障情况做了________________。等一下我们车间会派专门的技师为您的车辆做一个详细的检查，检查之后会告知您故障的________________。

好的。

微组织 14：教师检查纠错，学生改正错误。微评价：☆☆☆☆☆

3. 请实施接车问诊工作并总结操作过程中存在的问题，并进行简要分析，见表 2-1-6。

表 2-1-6　迎接客户工作问题汇总简析表

序　号	问　题	简　析
1		
2		
3		

微组织 15：教师检查纠错，学生改正错误。微评价：☆☆☆☆☆

步骤十：环车预检

1. 请查阅主教材和观看主教材中相关视频，总结出环车预检的工作要点，并完成图 2-1-6 中的环车预检工作要点归纳。

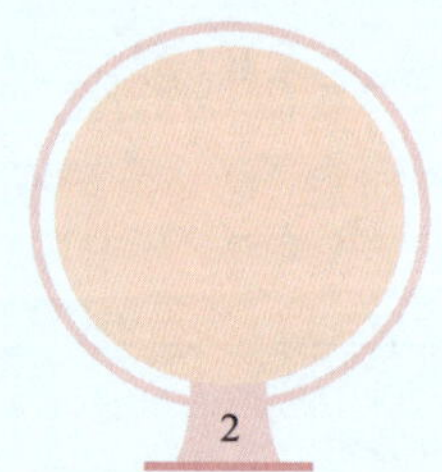

图 2-1-6 环车预检工作要点

微组织 16：教师检查纠错，学生改正错误。微评价：☆☆☆☆☆

2. 依据教材和相关视频，请完成下列环车预检对话的填写：

好的，郑先生，请您稍等一下，我们的技师详细检查您的车辆之前，我记录一下车辆的________________，对您的车辆进行一个________________。请把您的________和保养手册给我。

好的。

陈先生，我要为您的爱车装上________________，防止在维护保养的过程中弄脏了您的爱车。

好的。

郑先生，您的爱车行驶里程是________________公里，油表在________________处，车内的各种设备设施状况良好。

嗯。

郑先生，方便打开您的________________吗？需要对________________和________________进行检查。

可以。

宋先生，您的备胎和行车工具都是________________。我们现在对车辆的外观进行一下检查吧。请随我来。郑先生，您看。左侧车门这里有________________。您看这道划痕需要处理一下吗？

先不用了。

好的，郑先生，车辆外观已经检查完毕，我已经记录在了＿＿＿＿＿＿＿＿＿＿上，请随我来。

好的。

微组织 17：教师检查纠错，学生改正错误。微评价：☆☆☆☆☆

3．请完成环车预检工作并总结操作过程中存在的问题，将问题填写在表 2-1-7 中，并进行简要分析。

表 2-1-7　环车预检工作问题汇总简析表

序　号	问　题	简　析
1		
2		
3		

微组织 18：教师检查纠错，学生改正错误。微评价：☆☆☆☆☆

4．请根据接待客户、环车预检情况以及接车检查单填写要求，仔细完成接车检查单，见表 2-1-8。

表 2-1-8　接车检查单

<table>
<tr><th colspan="4">常规保养接车检查单
（适用于首保为 5 000 km 的车型）</th><th colspan="3">委托书编号：</th></tr>
<tr><td>客户姓名 / 单位</td><td></td><td>车牌号：</td><td>行驶里程</td><td>km</td><td colspan="2">接车时间：</td></tr>
<tr><td colspan="2">VIN 码：</td><td>发动机号：</td><td colspan="2">车型：</td><td colspan="2">车主性质：公车 / 私车 / 运营车</td></tr>
<tr><td colspan="2">联系电话：</td><td>上次保养里程：　km</td><td colspan="2">上次保养时间：　年　月　日</td><td colspan="2">质量担保保养□
常规保养□</td></tr>
<tr><td rowspan="2">随车物品</td><td>1</td><td></td><td>备胎检查</td><td>是□　否□</td><td rowspan="4">燃油存量检查</td><td rowspan="4">0　1/2　1/1</td></tr>
<tr><td>2</td><td></td><td>是否洗车</td><td>是□　否□</td></tr>
<tr><td colspan="5">是否需要送车：是□　否□　　送车地址：</td></tr>
<tr><td colspan="5">是否需要带走旧件：是□　否□　　放置位置：</td></tr>
</table>

车辆外观检查		车辆内饰检查	
▼凹陷□		▽污渍□	
▲划痕□		△破损□	
◆石击□		◇色斑□	
●油漆□		○变形□	

委托内容					
保养套餐勾选		保养更换项目		易损件更换	需求
		更换项目	需求		
A	□ 5 000 km	机油		刮水器	
B	□每 10 000 km 保养	机油滤清器		制动片	
		放油螺栓		轮胎	
C1	□每 20 000 km 保养	空气滤芯		精益养护	
C2	□每 30 000 km 保养	花粉滤芯		发动机润滑系统养护	
		燃油滤清器		燃油系统养护	
D	□每 60 000 km 保养	火花塞		进气系统养护	
机油升级	□优选机油	自动变速箱 ATF 油		空调系统养护	
		变速箱齿轮油及齿轮油滤清器			
	□高端机油	制动液			

保养预计金额	材料费	元	增项预计金额	材料费	元
	工时费	元		工时费	元
总预计金额		元	预计交车时间		
用户其他需求及维修建议					
付款方式：□现金　□支票　□刷卡					

日期：　　服务顾客签字：　　客户签字：　　经销商名称：张家港保税区 ×× 汽车贸易有限公司

微组织 19：教师检查纠错，学生改正错误。微评价：☆☆☆☆☆

案　例

客户到店维修抱怨“连配件都没有。还是什么 4S 店？怎么这样的配件都没有呢？”遇到这样的问题，该怎样处理？

（1）事实：客户在进店前没有及时预约，而且这个配件不属于常用件，所以一般是采用紧急订货的方式。

（2）客户情感：这么大一个店，连配件都不齐全，还要我等那么长时间！

（3）客户希望服务顾问：希望快点把汽车修好，并且希望服务人员给他道歉。

（4）解决方案：服务顾问首先应听完客户的抱怨，然后复述客户的抱怨内容，确认问题。服务顾问应就这件事表示最大的歉意，根据客户的要求迅速向维修人员询问修理完成的时间。即使暂时解决不了问题，但是在道歉后立即行动，会让客户觉得自己的意见被受理了，并且得到了回应。最后修理完成后再次表示歉意，并告知客户下次如果需要维修和保养汽车可以提前打电话预约，这样可以减少客户的等待时间。

任务二　制单与维修

步骤一：工作准备

请大声说出检查项目与内容，对照制单与维修工作准备情况检查表核准检查项目，见表 2-2-1。若已准备好，请在方框里画上“√”；若有遗漏，请补充后画上“√”。

表 2-2-1　制单与保养工作准备情况检查表

项　目	内　容
工作地点	汽车售后服务中心的温馨的售后接待前台□　客户休息区□　维修车间□
工作设施	办公电话□　办公桌□　座椅□　计算机□　打印机□　对讲机□
工具用品	写字板□　笔□　接车检查单□　任务委托书□　汽车防护用品□

微组织 1：教师检查纠错，学生改正错误。微评价：☆☆☆☆☆

步骤二：安顿客户

请查看主教材和观看教师演示，在完成下列对话填写之后，两人一组，互相扮演陈先生和服务顾问菲菲的角色，进行安顿客户的分组练习。

好的，郑先生，我们的维修技师将会对您的爱车进行一个检查，大概需要________________，我先带您到休息室________________。

好的。

郑先生，我们这里有咖啡、果汁、绿茶等，您喝哪一种？

给我来杯咖啡吧。

好的，请慢用。我现在就安排________________进行检查，我们这边有免费的________________和________________，您可以拿出你的手机扫一扫桌面上的二维码，就可以登录________________。有什么问题可以到接待前台去找我，也可以拨打我的电话。

好的。

微组织 2：教师检查纠错，学生改正错误。微评价：☆☆☆☆☆

步骤三：制单

1. 根据陈先生的车辆检查结果制定出任务委托书。请同学们在查看教材以及观看相关视频之后，在表 2-2-2 中写下制作任务委托书的工作要点。

表 2-2-2　制作任务委托书工作要点关键词

序号	关　键　词	序号	关　键　词
1		7	
2		8	
3		9	
4		10	
5		11	
6		12	

微组织 3：教师检查纠错，学生改正错误。微评价：☆☆☆☆☆

2. 请查看主教材和观看教师演示，完成下列对话：

陈师傅，迈腾＿＿＿＿＿＿＿＿＿＿，客户说他的车子在平路或者颠簸路面转弯和原地打方向时，车子左前部车轮附近有异响，现在需要＿＿＿＿＿＿＿＿＿＿，看看到底是什么问题。

经过检查，发现是左前外球笼损坏造成的，您和客户沟通一下，看是否更换。

好的，我和客户沟通一下。

郑先生，让您久等了。经过检查，发现异响是因为＿＿＿＿＿＿＿＿＿＿造成的，＿＿＿＿＿＿＿＿＿＿？

换吧。

好的，那郑先生，这边请。

郑先生，和您确认一下本次维修的具体项目。本次维修更换＿＿＿＿＿＿＿＿＿＿。左前外球笼的价格是 120 元，工时 80 元，总费用是＿＿＿＿＿＿＿＿＿＿元。

好的。

郑先生，我们4S店在维修后会提供免费洗车活动，您看您要洗车吗？

那挺好，洗吧。

郑先生，另外更换下来的旧件________________？

不用了。

那现在麻烦您帮我签字确认一下，并留下您的________________。

好的。

好的，郑先生，维修时间大概是40分钟，洗车20分钟。现在是3点半，预计________________可以取车。您看一下________________，如果没什么问题，麻烦您在任务委托书上签一下字。

好的。

这个请您拿好，________________会用到它。

好的，谢谢！

微组织4：教师检查纠错，学生改正错误。微评价：☆☆☆☆☆

3．两人一组，互相扮演陈先生和服务顾问菲菲的角色，进行制单操作的分组练习。并总结操作过程中存在的问题，对产生原因进行简要分析，见表2-2-3。

表2-2-3　制单问题汇总简析表

序　号	问　题	简　析
1		
2		
3		
4		

微组织5：教师检查纠错，学生改正错误。微评价：☆☆☆☆☆

4．请根据制单操作流程以及客户信息，完成任务委托书，见表 2-2-4。

表 2-2-4　任务委托书

任务委托书

编号：

维修单位		车辆进站时间	年　月　日　时	服务顾问	
客户信息	□车主　□送修人	地址		联系电话	

车辆信息	车牌号	车型	VIN	发动机号	里程数

作业信息	维修开始时间	预计交车时间	付款方式	非索赔旧件是否带走
	年　月　日　时	年　月　日　时	□现金　□信用卡 □其他	□是　□否

互动检查	是否有贵重物品	油箱油量	□空	□ <1/4	
	是□　　否□		□半箱	□ <3/4	□满箱

外出救援：　是□　　否□　　救援里程（往返）：　　（公里）　　救援到达时间：

车身状况漆面检查，损伤部位下图标注	检查结果	
	车身检查	
	车内检查	
	发动仓检查	
	底盘检查	

客户须知	客户故障描述
1．客户提供的资料，信息真实有效 2．维修完成时间以通知客户接车时间为准。 3．客户应在接到通知 2 小时内接车。 4．客户违反“客户须知”产生的风险和损失客户本人自愿承担。	

客户确认：本人已阅知并理解上述内容。　　客户签字：

	项目内容	备件	是否索赔	材料费	工时费	小计	维修人	检查人
维修项目			是　否					
			是　否					
			是　否					
			是　否					
			是　否					
			是　否					

维修项目			是　否					
	预估费用：		费用小计					
客户确认以上维修项目及费用：								
新增维修项目	项目内容	备件	是否索赔	材料费	工时费	小计	维修人	检查人
			是　否					
			是　否					
			是　否					
			是　否					
	预估新增维修时间：		费用小计					
	预估新增维修费用：							
客户确认以上维修项目及费用：								
索赔费用		自费费用		维修总费用		交通补偿费用（元）：		
质检员签字（盖章）：		通知用户接车方式	现场　短信　电话	通知用户接车时间	年　月　日　时	实际交车时间	年　月　日　时	
客户评价	□满意	□不满意	不满意原因：□服务接待　□服务环境　□维修质量　□维修时间　□备件保供　□维修收费　□产品质量					
本人确认以上内容与本人委托需求一致并已提车。　客户签字：								

备注：此表一式三联。客户、维修、财务各一联

微组织 6：教师检查纠错，学生改正错误。微评价：☆☆☆☆☆

步骤四：安排客户休息

通过阅读和观看视频学习，请总结出安排陈先生到休息室休息的工作要点，填写到图 2-2-1 中。

1

2

3

图 2-2-1　安排客户休息工作内容

微组织 7：教师检查纠错，学生改正错误。微评价：☆☆☆☆☆

步骤五：派工维修

1. 通过阅读主教材和观看主教材中视频学习，归纳出派工维修的工作要点，并总结派工维修的思维导图，如图 2-2-2 所示。

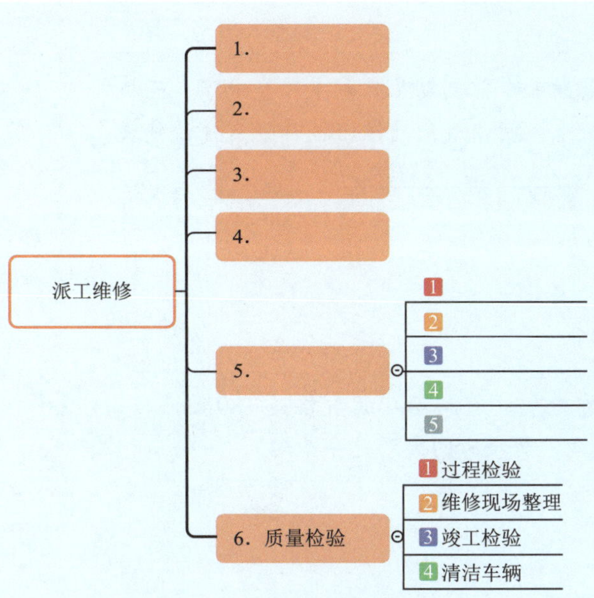

图 2-2-2　派工维修思维导图

微组织 8：教师检查纠错，学生改正错误。微评价：☆☆☆☆☆

2. 通过阅读主教材和观看主教材中视频学习，在完成下列对话填写之后，两人一组，互相扮演陈先生和服务顾问菲菲的角色，进行维修增项的分组练习。

小刘小刘，迈腾吉 B14567。前制动片只剩下 3 毫米了，需要________________。你和客户________________。

好的，我现在过去看一下。

您好，宋先生。您反映的前部异响问题，我们的维修技师经过检查，发现是您的爱车________________造成的，已经为您的爱车做了________________，问题已经解决了。

好的，谢谢！

另外在检查过程中维修技师发现您的爱车的前制动片只剩下 3 毫米了，需要更换。现在和您________________。

必须要换吗？

是的，您的爱车前制动片只剩下 3 毫米了，而极限是 2 毫米，所以我们的维修技师强烈建议您现在就换，________________。

那就换吧。

好的，郑先生。前制动片的价格是 180 元，工时 80 元，更换时间大约是半小时。

知道了。

好的，郑先生。新增的维修项目是更换前制动片，其中前制动片 ________________ 元，工时费 ________________ 元，总共 ________________ 元，维修时间大概半小时。那么就得在________________点左右才能提车了。

好的。

微组织 9：教师检查纠错，学生改正错误。微评价：☆☆☆☆☆

3. 请实施派工维修，总结操作过程中存在的问题，并对原因进行简要分析，见表 2-2-5。

表 2-2-5　派工保养问题汇总简析表

序　号	问　题	简　析
1		
2		
3		
4		

微组织 10：教师检查纠错，学生改正错误。微评价：☆☆☆☆☆

案　例

客户抱怨："你们这里的维修费用实在是太高了，我一直在店里进行保养，怎么一点优惠都没有呢？在进店维修前我就询问过大概的价格，怎么高出了整整一千？"

（1）事实是：在维修过程中增加了维修项目，同时也征求了客户的同意。

（2）客户情感是：说好的价格，维修下来怎么就贵了啊，欺诈啊！

（3）客户希望服务顾问：解释明白维修费用为什么和你们之前跟我说的不一样，给我点优惠。

（4）解决方案：首先和客户道歉，再次和客户解释费用增加的原因，并进行适当补偿。

服务顾问："真是太对不起了，由于我的失误，没跟你解释清楚让你误会了。是这样的，在维修期间，我和你专门沟通过增加了一个维修项目，但是没把费用和你说清楚，真是对不住了。为了表示我的歉意，请收下我们公司的一个小礼物。"

任务三　交车与回访

步骤一：工作准备

请大声说出检查项目与内容，对照“制单与保养工作准备情况检查表”核准检查项目，见表 2-3-1。若已准备好，请在方框里画上“√”；若有遗漏，请补充后画上“√”。

表 2-3-1　制单与保养工作准备情况检查表

项　目	内　容
工作地点	汽车售后服务中心的售后接待前台□　客户休息区□　维修车间□
工作设施	办公电话□　办公桌□　座椅□　计算机□　打印机□　对讲机□
工具用品	写字板□　笔□　任务委托书□　结算单□　回访记录表□

微组织 1：教师检查纠错，学生改正错误。微评价：☆☆☆☆☆

步骤二：交车准备

接到了洗车人员通知，郑先生的车辆已清洁并已移至交车区。洗车人员将车钥匙及车辆交给了你，请你做好交车准备，对照下方交车准备情况检查表，核准检查项目。若已完成，请在方框里画上“√”；若有遗漏，请补充后画上“√”，见表 2-3-2。

表 2-3-2　交车准备情况检查表

序号	检查项目	具体检查内容	完成情况	需要注意的问题
1	书面确认	查看“任务委托书”上客户委托的所有项目都已完成		
2	实车确认	实车核查“任务委托书”上客户委托的所有维修项目都已完成并满足客户要求		
3	电子设施确认	确认电子设施已归位		
4	旧零部件确认	确认更换下来的旧零部件已摆放在指定位置		
5	车内遗留确认	确认车内无遗留的工具、抹布以及螺母、螺栓		
6	车辆清洁确认	确认车辆内外已清洁干净		
7	打印结算单	逐条核对维修项目和维修费用，打印了结算单		

微组织 2：教师检查纠错，学生改正错误。微评价：☆☆☆☆☆

步骤三：验车结算

1. 在做好交车准备后，电话通知王先生可以交车了。请同学们在查看主教材以及观看主教材中相关视频之后，根据验车结算的工作要点，设计验车结算情景对话，完成表 2-3-3。

表 2-3-3　验车结算工作要点

序号	工作要点	对话设计（服务顾问要跟客户说的话语）
1	说明维修结果	
2	告知增值服务项目	
3	询问旧件处理	
4	费用说明，签字确认	
5	询问付款方式，完成结账	

微组织 3：教师检查纠错，学生改正错误。微评价：☆☆☆☆☆

2. 两人一组，互相扮演王先生和服务顾问菲菲的角色，进行验车结算情景练习。总结操作过程中存在的问题，并对产生原因进行简要分析，见表 2-3-4。

表 2-3-4　验车结算问题汇总简析表

序　号	问　题	简　析
1		
2		
3		

微组织 4：教师检查纠错，学生改正错误。微评价：☆☆☆☆☆

步骤四：交车送别

1. 陪同客户完成验车，结完账之后，我们的接待任务还没有结束，请同学们在查看主教材以及观看主教材中相关视频之后，根据交车送别的工作要点，设计出交车送别的情景对话，见表 2-3-5。

表 2-3-5 交车送别工作要点

序号	工作要点	对话设计（服务顾问）
1	归还维修手册、行驶证和车钥匙	
2	取下汽车防护用品	
3	车辆关怀	今后您的爱车有什么问题，您到时候提前联系我，我为您预约登记，并且为您预留工位配件和维修技师，这样可以帮您节省很多时间，另外用车过程中有任何问题都可以给我打电话，如有需要，可以拨打我们的道路救援电话，我们的救援电话可以 24 小时为您服务
4	告知电话回访	
5	送别	

微组织 5：教师检查纠错，学生改正错误。微评价：☆☆☆☆☆

2. 两人一组，互相扮演王先生和服务顾问菲菲的角色，进行交车送别情景练习。总结操作过程中存在的问题，并对产生原因进行简要分析，见表 2-3-6。

表 2-3-6 交车送别问题汇总简析表

序　号	问　题	简　析
1		
2		
3		

微组织 6：教师检查纠错，学生改正错误。微评价：☆☆☆☆☆

步骤五：电话回访

1. 根据汽车售后服务管理系统的信息，了解到今日要对昨日来做保养的房女士进行电话回访。通过阅读和观看主教材中视频，总结出电话回访的工作要点，填写到图 2-3-1 中。

1
2
3
4

图 2-3-1　电话回访工作要点

微组织 7：教师检查纠错，学生改正错误。微评价：☆☆☆☆☆

2. 请查看主教材和观看主教材中视频，完成下列对话：

您好，请问是__________________吗？

是的。

我是美美 4S 店的服务顾问小刘。感谢您昨日来我店进行维修。不好意思，打扰您一下。我想做一个售后服务的电话回访，请问您现在__________________？

你说吧。

孙先生，请问您在 2021 年 5 月 11 日到店维修后，现在车辆使用情况__________________？

没什么问题。

请问您对此次维修整体__________________？

一般吧。

那此次维修是__________________？

我问你们的服务顾问，我下午 1 点是不是可以去取车了？他跟我说车修完了，你来吧。可我到店却发现我的车还没有修好，我又在店里等了半个小时。你没修完就跟我说清楚嘛，我一点半再去取也行啊。

孙先生，__________________。您消消气，我会如实将情况记录下来反映给相关部门。我们会避免再次出现这样的问题。请问您还有__________________？

没有了。

再次感谢您__________________。祝您工作愉快，再见！

再见。

微组织 8：教师检查纠错，学生改正错误。微评价：☆☆☆☆☆

3. 请根据电话回访内容，完成电话回访记录表，见表 2-3-7。

表 2-3-7　任务委托书

<table>
<tr><th colspan="8">电话回访记录表</th></tr>
<tr><td rowspan="2">客户情况</td><td colspan="2">姓名</td><td>车号</td><td colspan="2">车型</td><td colspan="2">电话</td></tr>
<tr><td colspan="2"></td><td></td><td colspan="2"></td><td colspan="2"></td></tr>
<tr><td rowspan="4">跟踪情况</td><td colspan="2">跟踪日期</td><td></td><td colspan="2">是否全部满意</td><td colspan="2"></td></tr>
<tr><td colspan="7">不满意项目</td></tr>
<tr><td>保养质量</td><td>保养速度</td><td>服务态度</td><td>工时价格</td><td>配件价格</td><td>配件质量</td><td>其他</td></tr>
<tr><td></td><td></td><td></td><td></td><td></td><td></td><td></td></tr>
<tr><td colspan="8">用户建议、批评或表扬</td></tr>
<tr><td>处理情况</td><td colspan="7">☐ 回答　☐ 返工　☐ 完成</td></tr>
<tr><td colspan="4">填表人：</td><td colspan="4">时间：</td></tr>
</table>

微组织 9：教师检查纠错，学生改正错误。微评价：☆☆☆☆☆

4．两人一组，互相扮演王先生和服务顾问菲菲的角色，进行电话回访情景练习。总结操作过程中存在的问题，并对产生原因进行简要分析，见表 2-3-8。

表 2-3-8　派工保养问题汇总简析表

序　号	问　题	简　析
1		
2		
3		

微组织 10：教师检查纠错，学生改正错误。微评价：☆☆☆☆☆

案 例

客户非常生气，投诉说他的车的发动机舱盖、倒车镜上面有许多漆点，非常明显。面对这样的问题，应该怎样处理？

（1）事实：由于维修工操作不当，使得喷漆过程中有许多漆点落到发动机舱盖、倒车镜上面。作为服务顾问也没有在交车前认真检查车辆情况。

（2）客户情感：不接受这样的修理结果，必须尽快给我处理好，并且要给我补偿。

（3）解决方案：作为服务顾问，在核实车辆状况后，要向客户致歉，并安抚客户情绪；满足客户提出的合理要求，对车辆重新处理；及时与车间主管以及维修技师沟通，重新处理车面漆点的问题；给客户一些精美礼品作为补偿，挽回企业形象。

项目三　接待返修客户

项目任务单

项目描述	完成返修客户的接待
项目要求	依据客户投诉处理流程和返修流程，完成返修客户接待。 1．投诉接待。 2．返修接待
学习目标	1．能够说出客户投诉原因分类。 2．能够说出客户投诉处理原则。 3．能够掌握客户投诉处理技巧。 4．能够说出投诉客户类型及掌握应对方法。 5．能够说出返修车辆出现的原因。 6．能够接收客户投诉，倾听抱怨，安抚情绪。 7．能够规范完成事件核实。 8．能够与客户进行良好沟通，协商解决方案。 9．能够顺利、规范地完成交车。 10．能够养成良好的职业规范和认真、热情的工作态度。 11．养成防微杜渐的职业态度
项目载体	今天天气有些阴沉沉的，服务顾问小李在昨日的短暂休假后，一早来到美美4S店。小李在做好售后服务前台卫生后，想着看看今天都有哪些工作要完成。正在这时，郑先生快步来到4S的服务中心，边走边吵着要投诉4S店。小李连忙上前接待  小李到服务中心门口迎接客户
计划学时	18~24学时

<table>
<tr><td rowspan="2">工作页</td><td>上课地点</td><td></td><td>学生姓名</td><td></td><td>完成 / 未完成</td></tr>
<tr><td>任课教师</td><td></td><td>上课时间</td><td></td><td>优 / 良 / 中 / 及格</td></tr>
</table>

项目导入

汽车品牌随着销量增加，保有客户数量也在不断增加。新车销售激增，保有量加大，必然造成经销店售后服务能力紧张。在售后服务各环节，客户的主要关注点是维修品质、维修时间、维修价格以及服务顾问的服务品质。随着各品牌车型增多以及车型技术配置的日益丰富，所带来的售后问题增加，客户投诉也随之增多。因此，解决好客户投诉和客户返修接待也成为服务顾问工作的重点内容之一。同时，提升维修品质，保证一次修复刻不容缓。

思考：请同学们通过多种途径查一查“一次修复”的定义，说一说从客户角度出发，“一次修复”指的是什么？

微组织：教师检查纠错，学生改正错误。微评价：☆☆☆☆☆

项目实施

任务一　投诉处理

步骤一：工作准备

请大声说出检查项目与内容，对照投诉处理准备情况检查表核准检查项目，见表 3-1-1。若已准备好，请在方框里画上“√”；若有遗漏，请补充后画上“√”。

表 3-1-1　保养预约与接待准备情况检查表

项　　目	内　　容
工作地点	汽车售后服务中心的温馨的售后接待前台□　停车场□　客户休息室□
工作设施	办公电话□　办公桌□　座椅□　计算机□　打印机□　对讲机□
工具用品	写字板□　笔□　水杯□　水□

微组织 1：教师检查纠错，学生改正错误。微评价：☆☆☆☆☆

步骤二：到店投诉受理

赵先生怒气冲冲地来到汽车售后服务中心来投诉，作为服务顾问要及时受理赵先生的投诉。请通过阅读主教材学习、归纳出处理客户投诉的三点原则，谈一谈对这三点原则的理解，填入表 3-1-2 中。

表 3-1-2　处理客户投诉的三点原则

序　　号	原则内容	理　　解
1	掌握政策 正确判别	
2	以理服人 礼貌待客	
3	调查分析 实事求是	

微组织 2：教师检查纠错，学生改正错误。微评价：☆☆☆☆☆

步骤三：安抚情绪

1. 请查看主教材和观看教师演示，完成下列对话：

我刚在你们这补的漆，怎么这么快就掉了，这是怎么补的啊，我要投诉你们！

先生您别着急，________________？

我姓赵。

赵先生，________________。您先别生气，您的车是停在哪里了呢？我和您一起去看一下您的爱车好吗？

我开车不小心碰柱子上剐蹭掉一块漆，本来就很闹心。周一在你们这补的漆，今早出门的时候发现漆又掉了。今天周日，这刚补完还没到一周呢，这漆补得也太差了。

您别着急，我们会________________。我现在马上给您找来我们的维修技师给看一下您这个漆。您看这样好吗？

好吧。

微组织 3：教师检查纠错，学生改正错误。微评价：☆☆☆☆☆

2. 两人一组，互相扮演王先生和服务顾问菲菲的角色，进行安抚客户情绪的分组练习。并总结操作过程中存在的问题，对产生原因进行简要分析，填入表 3-1-3 中。

表 3-1-3　拨打电话问题汇总简析表

序　号	问　题	简　析
1		
2		
3		

微组织 4：教师检查纠错，学生改正错误。微评价：☆☆☆☆☆

3. 请在表 3-1-4 中写出客户投诉处理技巧。

表 3-1-4　客户投诉处理技巧

序号	客户投诉处理技巧
1	热情礼貌地接待客户，________________，让客户倾诉自己的怨言，不要急于为自己开脱
2	请客户到________________交流，以免干扰和影响其他客户
3	注意________________，把自己置身于车主的处境来考虑问题
4	用丰富的________________向客户解释
5	耐心地________________，争取与客户________________，不要急于打发客户。更不能随意向客户许诺
6	要________________处理问题，避免造成客户投诉升级

微组织 5：教师检查纠错，学生改正错误。微评价：☆☆☆☆☆

步骤四：安排客户

两人一组，互相扮演陈先生和服务顾问菲菲的角色，安排客户在店休息等候车漆检查结果，并总结操作过程中存在的问题，对产生原因进行简要分析，见表 3-1-5。

表 3-1-5　安排客户问题汇总简析表

序　号	问　题	简　析
1		
2		
3		

微组织 6：教师检查纠错，学生改正错误。微评价：☆☆☆☆☆

案　例

某个周末，客户在到达服务站时费了很大的气力才找到停车位，停车区根本无人引导，客户走进接待大厅时脸色很难看。遇到这样的问题，应该怎么办呢?

客户心理分析及应对：

（1）客户把不高兴写在脸上，是希望能有人注意到。这时，应马上询问，让客户把不满发泄出来。

服务顾问："先生，您好。是不是刚才遇到什么不高兴的事了？还是路上有点堵呀？ 我看您好像不太愉快。您能跟我说说吗？"

（2）客户认为，一家4S店有较宽裕的停车位是最起码的要求。这时，服务顾问应马上道歉。

服务顾问："您找了半天才把车停下？哎呀，真对不起，今天来的客户比较多，停车是有点困难。"

（3）因为停车，客户已经耽误了一些时间，他希望接下来的手续能办得快一些。

服务顾问："对不起，是我们的工作人员没有照顾到您停车难，这样，我先帮您办修车的手续，等一下我向经理反映停车的问题，您看行吗？"

案例总结：

（1）马上让用户将不满发泄出来。

（2）马上行动（在后续服务过程中小心避免让用户再次不满）。

（3）自己无法处理的问题及时向领导反映。

任务二　返修接待

步骤一：工作准备

请大声说出检查项目与内容，对照制单与维修工作准备情况检查表核准检查项目，见表 3-2-1。若已准备好，请在方框里画上“√”；若有遗漏，请补充后画上“√”。

表 3-2-1　制单与保养工作准备情况检查表

项　　目	内　　容
工作地点	汽车售后服务中心的温馨的售后接待前台□　客户休息区□　维修车间□　服务停车区□
工作设施	办公电话□　办公桌□　座椅□　计算机□　打印机□　对讲机□
工具用品	写字板□　笔□　接车检查单□　任务委托书□　汽车防护用品□

微组织 1：教师检查纠错，学生改正错误。微评价：☆☆☆☆☆

步骤二：事件核实

1. 请查看主教材和观看教师演示，总结出返修接待过程中事件核实的工作要点，并完成事件核实工作内容归纳图，如图 3-2-1 所示。

图 3-2-1　事件核实工作内容归纳图

微组织 2：教师检查纠错，学生改正错误。微评价：☆☆☆☆☆

2. 依据主教材和主教材中相关视频，完成下列事件核实对话的填写：

先生，您先别激动，请您先告知一下您的________________、车型以及车牌号，我给您________________。

赵明，我的车是宝来，我的车牌号是××××。

王师傅，客户的车________________。

小李啊，他的车掉漆是因为他的剐蹭比较深，上次在喷漆前打磨掉了原漆面，但是没有完全打磨掉剐蹭部位金属板材上的锈迹，然后这两天天气变化还比较大，又下雨又暴晒，这也是他的车漆为什么这么快就掉了。

好的，我知道了，辛苦王师傅了。

微组织 3：教师检查纠错，学生改正错误。微评价：☆☆☆☆☆

3. 两人一组，互相扮演陈先生和服务顾问菲菲的角色，进行事件核实的分组练习。并总结操作过程中存在的问题，对原因进行简要分析，见表 3-2-2。

表 3-2-2　制单问题汇总简析表

序　　号	问　　题	简　　析
1		
2		
3		
4		

微组织 4：教师检查纠错，学生改正错误。微评价：☆☆☆☆☆

步骤三：协商方案

1. 请查看主教材和观看教师演示，总结出返修接待过程中协商方案的工作要点，并完成协商方案工作内容归纳图，如图 3-2-2 所示。

1

2

3

图 3-2-2 协商方案工作内容归纳图

微组织 5：教师检查纠错，学生改正错误。微评价：☆☆☆☆☆

2. 请查看主教材和观看教师演示，完成下列对话：

赵先生，掉漆的原因已经为您查明了。车漆没有什么问题。是由于我们喷漆师傅的不细心，在喷漆前没有完全打磨掉剐蹭部位金属板材上的锈迹，再加上刚补完漆，就赶上这两天又下雨又暴晒，造成车漆这么快就脱落了。这是我们工作的失误，________________，________________。

嗯。

赵先生，我们现在马上就派喷漆师傅为您重新补漆，当然________________。另外，我看您车里还有儿童座椅，想必您是有小孩子的。为表示歉意，我们送您一个________________。您看这样可以吗？

可以。

那好的，赵先生，您在休息室再稍等一会。我们的师傅现在就________________。

好的。

微组织 6：教师检查纠错，学生改正错误。微评价：☆☆☆☆☆

3. 两人一组，互相扮演陈先生和服务顾问菲菲的角色，进行制单操作的分组练习。并总结操作过程中存在的问题，对原因进行简要分析，见表 3-2-3。

表 3-2-3 制单问题汇总简析表

序号	问题	简析
1		
2		
3		
4		

微组织 7：教师检查纠错，学生改正错误。微评价：☆☆☆☆☆

步骤四：执行方案

1. 请查看主教材和观看教师演示，总结出返修接待过程中协商方案的工作要点，并完成协商方案工作内容归纳图，如图 3-2-3 所示。

图 3-2-3 协商方案工作内容归纳图

微组织 8：教师检查纠错，学生改正错误。微评价：☆☆☆☆☆

2. 请查看主教材和观看教师演示，完成下列对话：

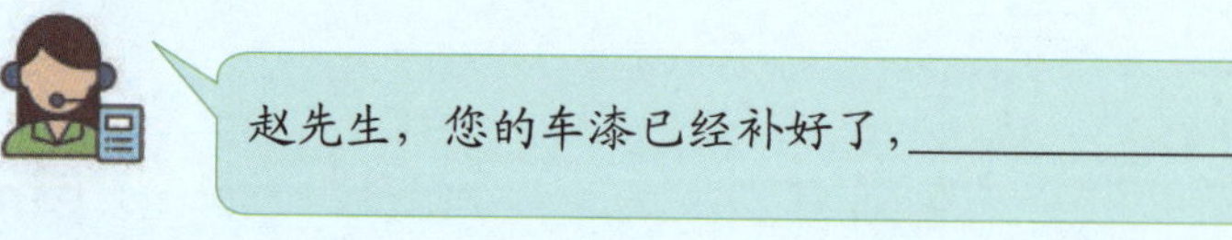

好的。

您看一下，这就是刚才补漆的地方，已经________。

嗯，没什么问题了。

微组织9：教师检查纠错，学生改正错误。微评价：☆☆☆☆☆

案　例

客户买了新车行驶了 2 个月，有次偶然发现汽车制动有问题，踩两三次制动踏板才把汽车停下来。最近又出现了这种现象，而且还造成了汽车追尾，驾驶员受轻伤。客户到 4S 店进行投诉。

案例分析：客户的态度很强硬，服务顾问应该对其情绪进行安抚。帮助其找到真正的事故原因是解决问题的关键。处理这种涉及安全的事故，应向服务经理立即汇报此事，这样可以使客户觉得被尊重，也避免了令客户产生推诿或者是拖延的感觉。同时应第一时间帮助客户找到真正肇事的原因，并且向客户承诺，若真的是汽车质量问题，我们肯定会按照规定进行处理。并且提出解决方案，最终与客户达成一致。

项目四　接待保修索赔客户

项目任务单

项目描述	完成保修索赔客户的接待
项目要求	依据保修索赔接待流程，完成保修索赔客户接待。 1. 保修接待。 2. 保修索赔
学习目标	1. 能够说出保修索赔的定义、分类、目的。 2. 能够说出索赔员应具备的业务能力。 3. 能够说出索赔员的工作职责。 4. 能够依据保修索赔接待流程，规范地接待保修索赔客户。 5. 能够初步判定客户是否符合保修索赔条件。 6. 能够规范地与索赔员交接工作。 7. 能够规范地与客户进行索赔结果沟通。 8. 能够规范地填写接车检查单、维修检查报告单、索赔结算单。 9. 能够养成良好的职业规范和认真、热情的工作态度。 10. 树立勤勉、精进的学习工作观
项目载体	今天一早王先生的车再次出现了启动失灵的情况，恰好今天王先生休假，便驾车来到了美美 4S 店。服务顾问小李看到有车进入汽车售后服务中心，她带上写字板、笔、接车检查单和汽车防护用品来到服务停车区，迎接王先生 
计划学时	18~24 学时

工作页	上课地点		学生姓名		完成 / 未完成
	任课教师		上课时间		优 / 良 / 中 / 及格

项目导入

质量保修是指汽车制造商对自己生产的汽车，在质量上有一定正常行驶里程或使用期限的承诺，在约定的里程或期限内产品由于自身的质量问题造成无法正常使用的，由汽车制造商负责免费给用户购买的汽车恢复使用性能。质量索赔的基本含义是指处理用户的质量索赔要求，进行质量鉴定、决定实施或不实施赔偿行为，并向厂商反馈用户质量信息。

质量保修是售后服务工作的核心，占售后服务工作很大的比重，所以必须重视。质量保修工作的好坏，对企业形象、品牌形象、企业声誉、品牌声誉具有举足轻重的影响。目前在所有的4S服务站都有专门的质量索赔岗位，关于质量保修的问题由索赔员进行接待处理。

思考：请同学们想一想作为索赔员，应具备哪些业务能力？

微组织：教师检查纠错，学生改正错误。微评价：☆☆☆☆☆

项目实施

任务一　保修接待

步骤一：工作准备

请大声说出检查项目与内容，对照“保修接待准备情况检查表”核准检查项目，见表 4-1-1。若已准备好，请在方框里画上“√”；若有遗漏，请补充后画上“√”。

表 4-1-1　保养接待准备情况检查表

项　目	内　容
工作地点	汽车售后服务中心的温馨的售后接待前台□　停车场□　维修车间□
工作设施	办公电话□　办公桌□　座椅□　计算机□　打印机□　对讲机□
工具用品	写字板□　笔□　水杯□　水□　接车检查单□　汽车防护用品□　名片□

微组织 1：教师检查纠错，学生改正错误。微评价：☆☆☆☆☆

步骤二：迎接客户，询问到店原因

依据主教材和主教材中相关视频，完成下列迎接客户，询问到店原因对话的填写：

您好，美美 4S 店，我是服务顾问小李，这是________________。请问有什么可以帮助您？您是来保养还是维修的呢？

我的车坏了，我来修一下。

好的，先生。请问您的爱车________________？

我的车最近经常出现启动失灵的情况，最近有几次得多次点火才能着车。你给找一个维修技师，检查一下，看看是什么原因。

微组织 2：教师检查纠错，学生改正错误。微评价：☆☆☆☆☆

步骤三：登记客户信息，进行环车检查

请查看主教材和观看教师演示，完成下列对话：

好的，我先帮您进行一下__________，请您出示一下您的行驶证。

好。

好的，王先生，我帮您先做一个环车检查，您的车上有__________吗？请您带好贵重物品。要是不方便携带，我们这里有储物柜，可以放到__________里。

好的。

王先生，您的爱车行驶里程是 23 009 公里，油箱在三分之二处，车辆外观和内部都__________。这边请。

好的。

微组织 3：教师检查纠错，学生改正错误。微评价：☆☆☆☆☆

步骤四：查询车辆是否在质保期内

请查看主教材和观看教师演示，完成下列对话：

王先生，我查询了一下您的车辆信息，显示您的车__________。

好的。那我的车是免费维修吗？

这还要一会等我们维修技师的具体检查结果出来，看您本次维修项目是否__________，请您稍等一下。

好的。

微组织 4：教师检查纠错，学生改正错误。微评价：☆☆☆☆☆

步骤五：安排客户休息

请查看主教材和观看教师演示，完成下列对话：

接下来我会找我们的维修技师针对您车辆点火失灵的问题，进行____________________。我带您去客户休息室稍等一下好吗？

好的。

微组织 5：教师检查纠错，学生改正错误。微评价：☆☆☆☆☆

步骤六：车辆检查，确定故障原因

请查看主教材和观看教师演示，完成下列对话：

小李，车辆检查完毕，你过来一下。

好的。

经过检查，发现启动失灵是由于点火开关接触不良造成的，需要进行更换。这是____________________，你看一下。

好的，我知道了。

微组织 6：教师检查纠错，学生改正错误。微评价：☆☆☆☆☆

步骤七：初步审核索赔条件，联络索赔员

1. 请查看主教材和观看教师演示，完成下列对话：

邓师傅，我通知一下____________________小陈来看一下。

嗯，好的。

小陈，小陈。我是服务顾问小李，需要你现在来车间给看一下这个件符不符合____________________。

好的，我这就过去。

微组织 7：教师检查纠错，学生改正错误。微评价：☆☆☆☆☆

2. 请在表 4-1-2 中写出索赔员的工作职责。

表 4-1-2　索赔员工作职责

序号	工 作 要 求
1	熟悉授权公司索赔业务的具体________________
2	负责________________，认真检查索赔车辆，做好车辆索赔的鉴定，保证索赔的准确性
3	负责________________处理索赔申请及相应索赔事务
4	负责________________所有索赔档案
5	负责在授权公司开展的质量返修和相关活动中，________________的传递与交流
6	负责按授权公司要求妥善保管________________和及时按要求回运
7	负责客观真实地开展索赔工作，不得弄虚作假，并及时向管理层________________
8	主动收集、反馈有关车辆________________、技术等相关信息给相关部门
9	积极向客户宣传授权公司的________________
10	完成部门负责人交办的相关工作

微组织 8：教师检查纠错，学生改正错误。微评价：☆☆☆☆☆

案　例

一、客户抱怨："我两个月前来维护，都没检查出来问题，现在车才过质量担保期两天，就出毛病了，你们今天必须得给我换了！"遇到这样的问题，该如何解决？

案例分析：首先与客户确认，两个月前维护时确实进行过严格彻底的检查；对客户车辆发生故障表示同情；立即对车辆进行系统检查，之后解释故障产生的原因；如故障是电气系统的故障，解释该系统故障的特点是可能随时发生，很难通过检查进行预知；为客户讲解质量担保政策，并强调质量担保期限是有严格规定的；如此次故障维修费用较高，根据客户情况，适当向领导请求能否给予适当优惠。

二、客户抱怨："这个东西我都换了 2 次了，你看这车马上就出质量担保期了，那再坏了不就是要我花钱了吗？"遇到这样的问题，该如何解决？

案例分析：首先对客户的心情表示理解；与客户确认，此次维修已保质保量地完成，此次更换备件为原厂正规备件；结合前两次故障原因，向客户讲解正确的使用方法和注意事项；向客户解释，零件损坏的发生是有概率的。

任务二　保修索赔

步骤一：工作准备

请大声说出检查项目与内容，对照投诉处理准备情况检查表核准检查项目，见表 4-2-1。若已准备，请在方框里画上“√”；若有遗漏，请补充后画上“√”。

表 4-2-1　保修索赔准备情况检查表

项　目	内　容
工作地点	汽车售后服务中心的售后接待前台☐　维修车间☐
工作设施	办公电话☐　办公桌☐　座椅☐　计算机☐　打印机☐　对讲机☐
工具用品	写字板☐　笔☐　接车检查单☐　维修检查报告单☐　索赔结算单☐　汽车防护用品☐

微组织 1：教师检查纠错，学生改正错误。微评价：☆☆☆☆☆

步骤二：确认索赔资格

1. 索赔员小陈来到维修车间后，服务顾问小李和他沟通了车辆情况。接下来索赔员要进行索赔鉴定。依据主教材和主教材中相关视频，请完成下列确认索赔资格对话的填写。

小陈啊，这个客户的车经过检查，发现点火失灵是由于点火开关接触不良造成的，小张已经排除了是人为造成的点火开关问题，现在需要________________。

好的，没什么问题，可以免费为王先生更换点火开关。

微组织 2：教师检查纠错，学生改正错误。微评价：☆☆☆☆☆

2. 请在表格内写出保修索赔的范围，见表 4-2-2。

表 4-2-2　保修索赔的范围

序号	内　容
1	在保修索赔期内，车辆正常使用前提下整车或配件出现质量故障，为修复故障所产生的________________、________________属于保修索赔范围
2	在保修索赔期内，车辆发生故障无法行驶，需要经销店外出抢修，经销店在抢修中的________________、________________等费用属于保修索赔范围
3	汽车制造厂为每一辆车提供两次在汽车经销店进行免费保养，________________属于保修索赔范围

微组织 3：教师检查纠错，学生改正错误。微评价：☆☆☆☆☆

步骤三：工作交接

在小陈批复了维修检查报告单（索赔），将维修检查报告单反馈给小李之后，归纳出服务顾问小李的两个工作内容，如图 4-2-1 所示。

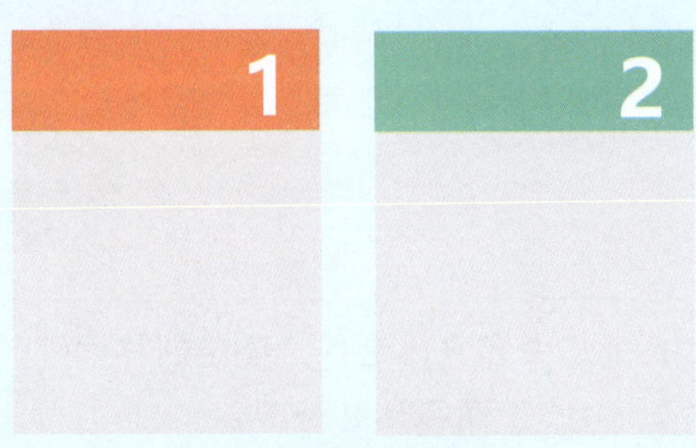

图 4-2-1　工作交接

微组织 4：教师检查纠错，学生改正错误。微评价：☆☆☆☆☆

步骤四：与客户确认索赔维修项目

小李来到客户休息区告知王先生故障原因以及维修方案，与王先生确认索赔维修项目，并在维修检查报告单（索赔）上签字确认。请查看主教材和观看教师演示，完成下列对话：

王先生，让您久等了。经过检查，发现点火失灵是由于点火开关接触不良造成的，需要更换点火开关。我们的索赔员已经判定您的车____________________，所以本次维修是免费给您更换点火开关。

那太好了。

那麻烦王先生确认一下____________________，在维修检查报告单（索赔）上签一下字。

好的。

微组织 5：教师检查纠错，学生改正错误。微评价：☆☆☆☆☆

步骤五：安排客户休息

请查看主教材和观看教师演示，完成下列对话：

王先生，更换点火开关大约需要半小时。此外，我们还为您提供免费洗车服务，大约需要 20 分钟。请问您在店等候吗？

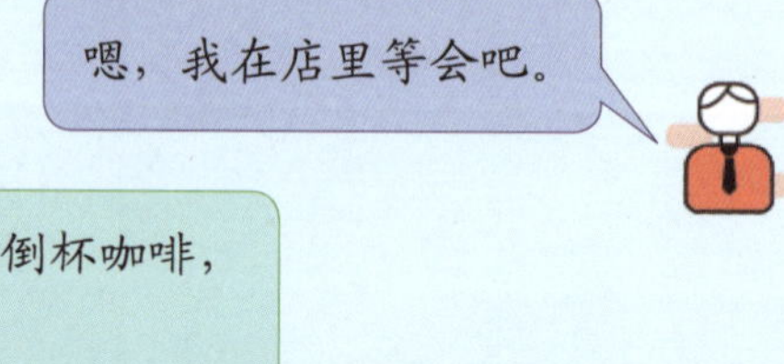

好的，王先生。我带您去客户休息区。给您倒杯咖啡，您在________________稍微休息一下。

微组织 6：教师检查纠错，学生改正错误。微评价：☆☆☆☆☆

步骤六：维修与检验

请查看主教材和观看教师演示，总结归纳并完成维修与检验的思维导图，如图 4-2-2 所示。

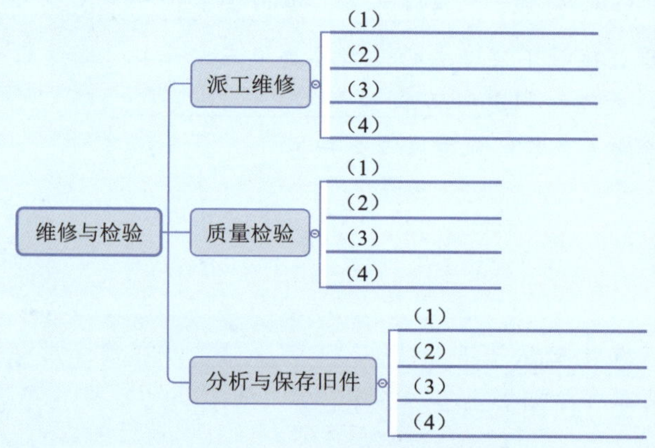

图 4-2-2　维修与检验思维导图

微组织 7：教师检查纠错，学生改正错误。微评价：☆☆☆☆☆

步骤七：交车结算

请查看主教材和观看教师演示，总结归纳出交车结算的六项工作要点，完成图 4-2-3。

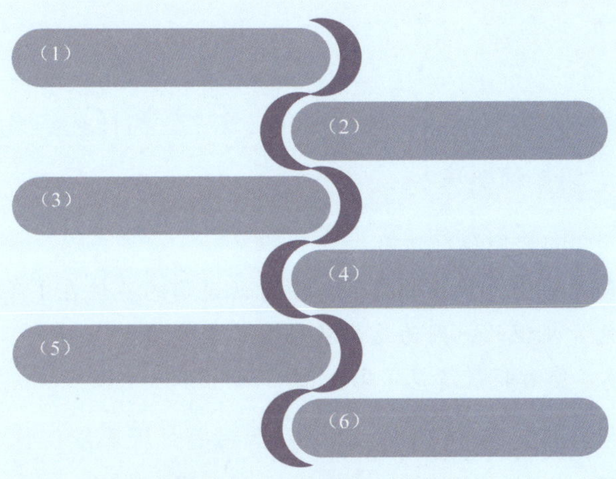

图 4-2-3 交车结算工作要点

微组织 8：教师检查纠错，学生改正错误。微评价：☆☆☆☆☆

步骤八：工作交接

1. 请查看主教材和观看教师演示，总结归纳出工作交接的三项工作内容，填在图 4-2-4 中。

图 4-2-4 工作交接工作内容

微组织 9：教师检查纠错，学生改正错误。微评价：☆☆☆☆☆

案　例

一、客户抱怨："我半年前更换的备件，现在又坏了，为什么新换的件质量担保期不能顺延？"遇到这样的问题，该如何解决？

案例分析：服务顾问要向客户解释政策。

服务顾问：这次我们是给您免费换的备件，换句话说您的备件在 1 年或者 50 000 公里的质量担保期有问题我们都是免费处理的，因为这次备件我们是免费为您换的，所以新换的件只是延续您原先件的质量担保期限。您看我说清楚了吗？

二、客户抱怨："因为你们备件的原因，我就得等好几天不能工作，公司扣我钱，这个损失你们应该赔给我。"遇到这样的问题，该如何解决？

案例分析：服务顾问要向客户解释政策。首先向用户的误工表示同情；向用户表明，已经以最快的方法预订备件，以尽早为用户修复车辆，征得用户谅解；向用户解释在质量担保政策中，间接损失是不赔的，这和保险条款是一样的；询问用户是否需要代步车，以免继续影响工作。

项目五　接待保险事故车客户

项目任务单

项目描述	完成保险事故车客户
项目要求	依据保险事故车接待流程，完成保险事故车客户接待。 1. 接待事故车客户。 2. 维修与交车
学习目标	1. 了解事故车保险索赔相关资料内容。 2. 了解保险协赔员定义以及岗位职责。 3. 能够掌握接待保险事故车客户流程。 4. 能够掌握接待保险事故车客户工作要点。 5. 能够依据保险事故车客户接待流程，规范、熟练地完成保险事故车客户的接待。 6. 能够养成良好的职业规范和认真、热情的工作态度作业的好习惯。 7. 养成自我改进自我激励的习惯
项目载体	天气晴朗，服务顾问小铭在美美 4S 店上班。突然电话铃响，保险公司车险理赔员小王给他打来了电话，告知他一个小时后会有一名客户去 4S 店维修，让他到时候接待一下
计划学时	18~24 学时

工作页	上课地点		学生姓名		完成 / 未完成
	任课教师		上课时间		优 / 良 / 中 / 及格

项目导入

客户车辆出险后，往往心理较为着急，对车辆维修及保险条例均不十分了解，一方面要求得到比较满意的维修服务，另一方面又要求得到周到的保险代理服务。这就需要汽车维修企业能够做好保险协赔及故障车辆的维修服务工作。

事故车辆的维修工作较为复杂，索赔过程中时常伴随着顾客与保险公司的纠纷，因此对事故车辆接待人员的素质要求较高。为方便事故车辆的理赔工作，许多品牌售后服务部都设立事故车维修接待处。同时，由保险协赔员专门处理保险事故车的各项事务。

思考：请同学们想一想保险协赔员的定义是什么？

微组织：教师检查纠错，学生改正错误。微评价：☆☆☆☆☆

项目实施

任务一　接待客户

步骤一：工作准备

请大声说出检查项目与内容，对照“接待客户准备情况检查表”核准检查项目，见表 5-1-1。若已准备好，请在方框里画上“√”；若有遗漏，请补充后画上“√”。

表 5-1-1　接待客户准备情况检查表

项　目	内　容
工作地点	汽车售后服务中心的温馨的售后接待前台□　停车场□　维修车间□
工作设施	办公电话□　办公桌□　座椅□　计算机□　打印机□　对讲机□
工具用品	写字板□　笔□　水杯□　水□　接车检查单□　汽车防护用品□　名片□

微组织 1：教师检查纠错，学生改正错误。微评价：☆☆☆☆☆

步骤二：接到任务

1. 保险公司车险理赔员小王联系服务顾问小铭，告知他将接待一名保险事故车客户，并告知了客户的详细资料。依据主教材和主教材中相关视频，归纳出小铭需要整理的索赔相关资料，完成图 5-1-1。

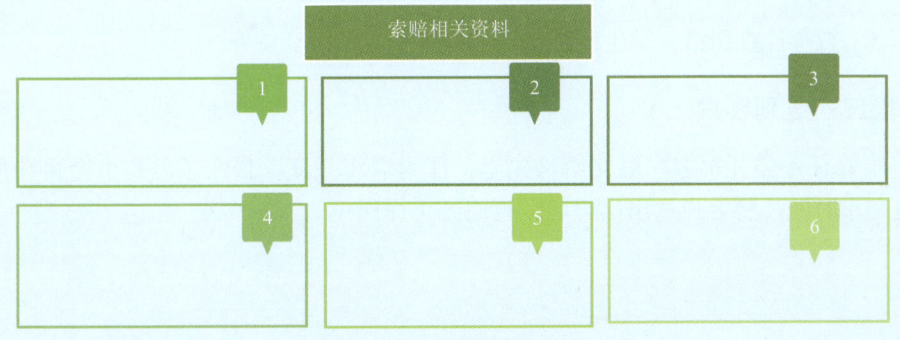

图 5-1-1　索赔相关资料

微组织 2：教师检查纠错，学生改正错误。微评价：☆☆☆☆☆

2. 请在表格内写出保险协赔员的岗位职责，见表 5-1-2。

表 5-1-2　保险协赔员的岗位职责

序号	工 作 要 求
1	负责为客户出险车辆提供________________，直接与保险公司展开相关核赔工作
2	保险理赔车辆的相关保险索赔资料的________________，整理统计各类保险单据
3	与保险公司________________，办理与保险公司的结算手续，保证保险款的及时回笼
4	熟悉新车、事故车辆的________________

微组织 3：教师检查纠错，学生改正错误。微评价：☆☆☆☆☆

步骤三：接待客户

补充完成图 5-1-2 中接待客户的工作要点。

图 5-1-2 接待客户的工作要点

微组织 4：教师检查纠错，学生改正错误。微评价：☆☆☆☆☆

步骤四：制定维修任务委托书

请查看主教材和观看教师演示，总结归纳出制定维修任务委托书的三项工作内容，见图 5-1-3。

图 5-1-3 制定维修任务委托书工作内容

微组织 5：教师检查纠错，学生改正错误。微评价：☆☆☆☆☆

步骤五：送别客户

小铭将维修任务委托书客户联交给冯先生，作为取车凭证。告知了冯先生会再和他联系，到时会通知他交车时间。将客户送出门口后，再回到工作岗位。

案　例

服务顾问和某位很熟悉的老客户交谈时有说有笑，甚至还拍了拍客户的肩膀，旁边一位新客户有点看不惯。面对这样的问题，应该怎样处理？

客户心理分析及应对：

（1）客户认为，服务顾问应对所有客户一视同仁。这时，应马上热情地接待他，适当转移其注意力。

服务顾问："对不起，让您久等了。"

（2）客户认为，自己是新客户，和服务顾问不熟悉，服务顾问对他的车不会尽心尽力。这时应对客户表示自己会很负责地为他服务。

服务顾问："您来做首保的对吗？我给您介绍一下首保的检测项目吧。这是我的名片，我的手机24小时都开着，您遇到问题可以随时打电话给我。"

案例总结：

（1）应尽量避免对老客户过分热情，在公共场合，应与客户保持合适的距离。

（2）马上行动。

（3）以专业周到的服务让客户放心。

任务二　维修与交车

步骤一：工作准备

请大声说出检查项目与内容，对照维修与交车准备情况检查表核准检查项目，见表 5-2-1。若已准备好，请在方框里画上“√”；若有遗漏，请补充后画上“√”。

表 5-2-1　维修与交车准备情况检查表

项　目	内　容
工作地点	汽车售后服务中心的售后接待前台□　维修车间□
工作设施	办公电话□　办公桌□　座椅□　计算机□　打印机□　对讲机□
工具用品	写字板□　笔□　接车检查单□　维修检查报告单□　索赔结算单□　汽车防护用品□

微组织 1：教师检查纠错，学生改正错误。微评价：☆☆☆☆☆

步骤二：与保险公司对接

请完成与保险公司对接的工作要点，完成图 5-2-1。

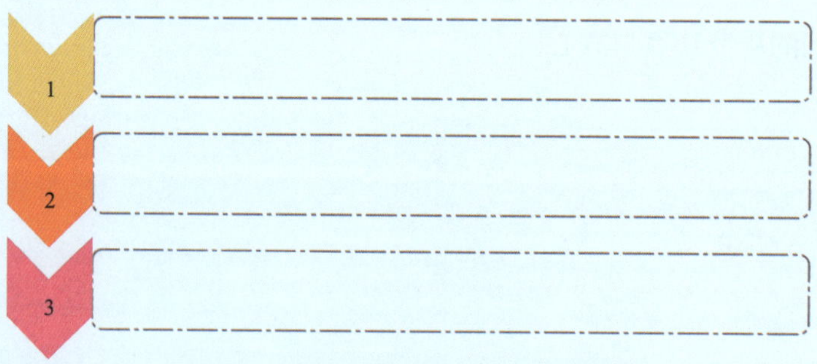

图 5-2-1　与保险公司对接的工作要点

微组织 2：教师检查纠错，学生改正错误。微评价：☆☆☆☆☆

步骤三：维修与检验

在保险公司完成打款之后，请按照工作要点完成维修与质检，完成图 5-2-2。

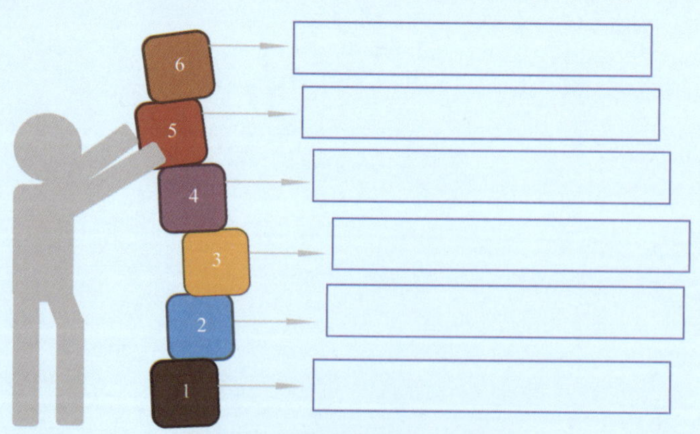

图 5-2-2　维修与检验工作要点

微组织 3：教师检查纠错，学生改正错误。微评价：☆☆☆☆☆

步骤四：内部交车

请按照工作要点完成内部交车，完成图 5-2-3。

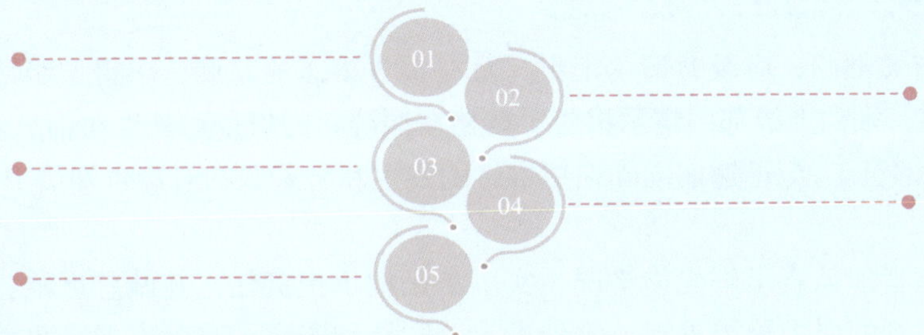

图 5-2-3　内部交车工作要点

微组织 4：教师检查纠错，学生改正错误。微评价：☆☆☆☆☆

步骤五：交车

请按照工作要点完成接待客户，完成图 5-2-4。

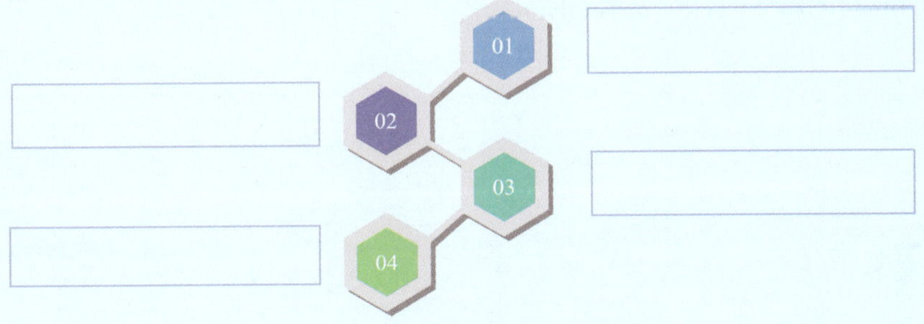

图 5-2-4　与客户交车工作要点

微组织 5：教师检查纠错，学生改正错误。微评价：☆☆☆☆☆

步骤六：收尾工作

请总结归纳并完成收尾工作的工作要点，完成图 5-2-5。

1　　2

图 5-2-5　收尾工作工作要点

微组织 6：教师检查纠错，学生改正错误。微评价：☆☆☆☆☆

案　例

当企业突然遇到危机，要怎样处理呢？

（1）对上级有关部门，应及时请示汇报，及时报告事态的发展，求得上级部门的指导。对外回答敏感问题之前，须向上级部门请示报告，严格按照统一的口径对外发布信息。

（2）对企业内部员工，应迅速而准确地把事件的发生和将采取的对策告知员工，大家齐心协力，共渡难关。

（3）对待受害者应认真了解受损情况，实事求是地承担责任，并诚恳道歉。冷静地倾听受害者的意见，对受害者的要求给予重视。给受害人以同情和安慰，避免出现自我辩护的言行，保持与受害者的联系。

（4）主动与新闻媒体取得联系，向新闻媒体提供事实真相和相关的信息，并表明自己的态度，争取新闻媒体的合作。公开宣布发布新闻的时间，并按照规定的时间发布新闻，在部分事实结果没有明朗之前，不信口开河，不盲目加以评论。充分利用新闻媒体与公众沟通，引导和控制舆论局势。如果有关危机的新闻报道与事实不符，应及时予以指出并要求更正。但应保持冷静和理性的态度。应及时对新闻媒体的合作表示感谢。